www.tredition.de

AF196908

George Kaufmann

# War Marx ein Zwilling?

**Der Marxismus ist mausetot. Der "andere" Marx wie er leibt und lebt und tagtäglich aktueller wird.**

www.tredition.de

© 2015 George Kaufmann

Verlag: tredition GmbH, Hamburg

ISBN
Paperback:    978-3-7323-7939-2
Hardcover:    978-3-7323-7940-8

Printed in Germany

# Inhaltsverzeichnis

*Kurz lesen*

# War Marx ein Zwilling?

## Ein Vorwort

Obwohl die Auflagen seiner Bücher an die Verbreitung der Bibel heranreichen, ist Karl Marx heute aus den Buchhandlungen fast ganz verschwunden. Eine Marx-Auswahl-Auswahl fehlt daher und könnte doch nützlich sein, vielleicht nicht zuletzt für eine junge Generation in Ost und West, die mit keiner Marx-Lektüre und keiner Marx-Diskussion mehr aufgewachsen ist, sich aber endlich einmal selber mit dem authentischen Marxschen Denken auseinandersetzen will, das angeblich beinahe die Weltgeschichte ruiniert hätte. Es hat schon viele Editionen Marxscher Texte gegeben, wobei meistens ein Verständnis still Voraussetzung war, das Marx mit dem „Marxismus" der sozialistischen Arbeiter- und Staatsparteien indentifizierte. Heute ist dieser Sozialismus ebenso mausetot wie die Arbeiterbewegung. Die Formeln des „Standpunkts der Arbeit" und des „Klassenkampfs" sind altertümlich geworden; sie lösen keine positiven oder negativen Leidenschaften mehr aus und reizen nur noch zum Gähnen.

Aber dabei handelt es sich lediglich um eine bestimmte Lesart der Marxschen Theorie und um einen bestimmten Strang seiner Argumentation, der in der Tat an eine jetzt vergangene (wenngleich noch ganz und gar unbegriffene) Epoche gebunden und daher heute nichts als Theoriegeschichte ist. Das ist allerdings bloß der halbe Marx, gewissermaßen nur der eine der Zwillinge. Den wenigsten ist heute noch bekannt, dass Marx von sich selbst gesagt hat: „Ich bin kein Marxist". Denn er spürte durchaus, dass seine theoretischen Erkenntnisse ziemlich eindimensional, verengt, verhunzend und ignorant geistig verarbeitet und verbreitet wurden. Und dazu trug er sogar selbst, einmal der bestehenden Lage entsprechend und zum anderen wegen seiner eigenen inneren Widersprüchlichkeit, bei. Denn es gab auch immer schon von Anfang an den in der Versenkung verschwundenen und ganz unausgeleuchteten Ansatz radikal kritischer Theorie eines „anderen" Marx, der dem „Arbeiterbewegungsmarxismus" bis heute ebenso fremd und unheimlich geblieben ist wie den sozialistischen Rechtfertigungsideologen in den Jahrzehnten des Kalten Krieges. Bis jetzt ist noch nicht versucht worden, eine Edition speziell dieses unbekannten Marx und seiner ganz anderen Kapitalismuskritik gewissermaßen aus seinen hinterlassenen erheblichen Textmassen heraus zu präparieren. Solange sich die Marx-Rezeption im Wesentlichen auf den Kontext der bisherigen Modernisierungsgeschichte beschränkte, bestand dazu auch gar keine Veranlassung. Im Gegenteil hat man hüben wie drüben nur allzu gern alles an der Marxschen Theorie verdrängt oder versteckt gelassen, was sich für die Erfordernisse der politischen Auseinandersetzung und der Legitimation von Interessenpositionen als zu sperrig erwies. Es ist jedoch gerade dieses ins Dunkel getauchte Alter ego des ganzen, sozusagen janusköpfigen Marx, das für die Zukunft noch bedeutend werden kann.

Die Marxtexte, auf die in diesem Lesebuch an den verschiedenen Stellen verwiesen wird, sind deshalb bewusst aus dem Zusammenhang mit der arbeiterbewegungsmarxistisch kompatiblen Marxschen Textmasse herausgeschnitten. So wird vielleicht der Vorwurf nicht ausbleiben, die hier zur Lektüre vorgeschlagenen Texte seien eben aus dem Zusammenhang gerissen. Deshalb gleich vorweg das Geständnis: Genau darin besteht auch die Absicht, nämlich die aus der offiziellen Debatte weitgehend herausgehaltene „andere", viel radikalere Kapitalismuskritik des unbekannten Marx aus dem Zusammenhang des gegenstandslos gewordenen Partei- und Arbeiterbewegungs-Marx herauszureißen, kenntlich zu machen und damit zuzuspitzen.

Natürlich kann das nur unvollkommen und ansatzweise gelingen; auch kann kein Anspruch auf Vollständigkeit erhoben werden. Manchmal lässt es sich einfach nicht vermeiden, dass auch der „offiziöse" Marx in dieser Auswahl erscheint, seine Ausdrucksweise zweideutig, unvollständig oder widersprüchlich wirkt. Umgekehrt, wer ein Interesse am ganzen, in seiner Widersprüchlichkeit unverkürzten Marx hat, und eine „wissenschaftlich"-philologische Lektüre bevorzugt, der sei auf die herkömmlichen Marx-Editionen verwiesen, insbesondere auf die berühmten „blauen Bände" der MEW (Marx-Engels-Werke) der ehemaligen DDR (ein Tipp für junge Wissbegierige: Mal nachfragen, was die 68er „Realo"-Väter und -Mütter – oder sind es langsam schon die Großeltern? – so alles im Keller deponiert haben), oder gleich auf das allerdings noch lange nicht abgeschlossene Jahrhundertprojekt der MEGA (Marx-Engels-Gesamtausgabe), das trotz des verständlichen Desinteresses der „Siegerideologen" mit internationaler Unterstützung weitergeführt werden kann. Wenn Du Dir „Marx lesen" von Robert Kurz, Eichborn-Verlag, 2001, die wichtigsten Texte von Karl Marx... im Internet (meist gebraucht) beschaffen kannst, schätze Dich glücklich. Das vorliegende Heft beinhaltet alle kommentierenden Texte von Robert Kurz aus seinem genannten Buch. Lesebücher zur Einführung hingegen sind heute mehr als dünn gesät, und sie genügen vor allem nicht den Erfordernissen einer qualitativ neuen Marx-Renaissance für das 21. Jahrhundert. Deshalb ist die mit diesem Lesebüchlein vorliegende Auswahl nachzuschlagender Marx-Texte für Leserinnen und Leser gedacht, die weniger ein akademisches, philologisches Interesse an Marx haben, sondern ihn als kritischen Theoretiker kennen lernen wollen, der auch nach dem Ende von Arbeiterbewegung und Realsozialismus noch etwas zu sagen hat – und vielleicht jetzt erst das Entscheidende. Auch wenn diese Marx-Texte und ihre Argumentationen Mosaiksteinchen sind – es ist immer noch der originäre Marx, der hier spricht. Freilich nicht mehr so sehr der Marx des „Klassenkampfs", sondern der Marx einer Kritik an der Irrationalität des modernen warenproduzierenden Systems, nicht mehr der „Klassentheoretiker", sondern der „negative Systemtheoretiker". Und natürlich ist von vornherein klar, dass ein solches Lesebuch keine „heiligen Schriften" mehr präsentiert. Man muss es endlich einmal zugeben: Marx ist nicht nur widersprüchlich und ein „doppelter Marx", also gewissermaßen Zwillinge, er kann auch ein unglaublicher Langweiler sein. Über weite Textstrecken entwickelt er mit äußerster Umständlichkeit Argumentationen, die man kürzer und klarer formulieren könnte. Und oft verbeißt er sich derart in eine langatmige Polemik gegen längst vergessene kleine Lichter, dass man ihm zurufen möchte: Nun mach mal ein Ende, der Gegner liegt doch längst am Boden. Diese eigentümliche Weitschweifigkeit, Redundanz und Verbissenheit ist vielleicht einer Ahnung geschuldet, dass seine Theorie auf etwas verweist, was uneingelöst bleiben musste und bis heute noch unentbunden in der Hülle des 19. Jahrhunderts schlummert. Gerade dort aber, wo Marx' Kritik explizit über seine Epoche hinausweist, verändert sich sogar sein Stil: er wird messerscharf, apodiktisch, wuchtig, unwiderstehlich, eben weil er an uneingestandene Tabugrenzen der Moderne rührt und sich darüber hinwegsetzt. Es sind diese Formulierungen des Zur-Sprache-Bringens von innerkapitalistisch Unsagbarem, die noch heute Herzklopfen verursachen, weil sie auch nach 160 Jahren im wahrsten Sinne des Wortes „unerhört" klingen und das Selbstverständliche, Verinnerlichte in Frage stellen.

Natürlich muss die kritische Theorie des 21. Jahrhunderts über Marx hinausgehen. Das ist zwar schon oft gesagt worden. Aber im Zuge eines positiven Bezugs auf die bisherige Modernisierungsgeschichte entpuppte sich dieses vollmundige Postulat regelmäßig als ein kläglicher Rückfall hinter Marx, als Versuch, seine kritische Theorie mit positivistischer Methodologie zu verballhornen, sie in die Volkswirtschaftslehre einzuvermeinden, die *Kritik* der politischen Ökonomie durch eine „marxistische" Politökonomie zu ersetzen und an die Erfordernisse parlamentarischer Politik anzupassen, mit einem Wort: jede Erinnerung an den unangenehmen „anderen" Marx loszuwerden und sich mit allzu bescheidenen alternativen Konzepten mitten im Kapitalismus pudelwohl (oder im Staatskapitalismus elend) zu fühlen. Um überhaupt jemals über Marx hinauszukommen, ist es dagegen unabdingbar, gerade an die verpönte und mit verlegenem Gestammel weggeschobene Seite seiner Theorie anzuknüpfen. Um Marx wirklich überwinden zu können, muss man auf seinen Schultern stehen können, statt ihm bloß den Buckel runterzurutschen.

Es gibt längst Hinweise darauf, wo es nach Marx weitergehen muss. So zeigt sich im Geschlechterverhältnis ein wesentlicher Aspekt kapitalistischer Vergesellschaftung, zu dem „der Mann Marx" wenig oder nichts gesagt hat. Im Zusammenhang damit wird eine kritische Theorie zu entwickeln sein, wie heute kapitalistische Individuen und ihre Subjektivität hergestellt werden. Auch die Kritik an der Zerstörung der Naturgrundlagen durch die betriebswirtschaftliche Externalisierung von Kosten, bei Marx immerhin schon kurz angedeutet, harrt ihres konsequenten begrifflichen und analytischen Bezugs auf die Formen kapitalistischer Rationalität. Das Ausbrennen der „Arbeitsgesellschaft" und die damit verbundene Krise des Geldes, wie sie in großen Weltregionen bereits das dramatische Ende der Moderne eingeläutet hat, setzen das Weiterdenken der noch längst nicht erledigten Marxschen Krisentheorie auf die Tagesordnung. Es wird immer offensichtlicher, dass die großen Fragen der kommenden Jahre und Jahrzehnte zwar jenseits des Marxismus von Arbeiterbewegung und Staatssozialismus liegen, aber trotzdem innerhalb der kapitalistischen Gesellschaftsformen niemals zu bewältigen sein werden. Der Anschluss an die verdrängte radikale Kritik des anderen Marx kann sich gerade in dieser Hinsicht als fruchtbar erweisen.

Das vorliegende Lesebüchlein wendet sich daher als erste Hilfe an alle, die auf diese erratische Gestalt trotz ihrer antiquierten Vollbärtigkeit wieder neugierig geworden sind und die noch einmal etwas Neues vom alten Marx lernen wollen. Es kann ein Wiedereinstieg für die Älteren sein, denen das Bedürfnis nach theoretischer Reflexion noch nicht abhandengekommen ist und die sich, vielleicht zögernd, doch noch zu einer kritischen Aufarbeitung ihrer „marxistischen" Vergangenheit und Jugendsünden entschließen möchten, anstatt sie einfach zu entsorgen. Und es kann ein Einstieg sein für die Jüngeren und Jüngsten, von denen unsereins wenig weiß, die sich aber ganz unbelastet von irgendwelchen marxistischen Vergangenheiten ganz frisch und historisch unschuldig eine radikale Kritik aneignen können, die womöglich ihrem wirklichen Lebensgefühl mehr entspricht als die Angebote des kapitalistischen Medienbetriebs.

Der Mensch hat immer noch den Fehler, dass er denken kann. Und so ist dieses Heft auch mit der vagen Hoffnung verbunden, dass es geistige Nahrung liefert für eine soziale Bewegung, die noch verborgen im Schoß der näheren Zukunft schlummert. Es ist die Hoffnung, dass es bereits heute jede Menge Menschen gibt, die trotz allen Geredes von der „Alternativlosigkeit" der herrschenden Weltordnung den Kapitalismus mit seinen verrückten Anforderungen bis oben hin satthaben.

Schau Dir also zunächst in den einzelnen Textabschnitten die dort aufgeführten Marx-Schriften an und sieh zu, ob und dass Du sie Dir auf irgendeine Weise verfügbar machen kannst; ausleihen wäre z.B. prima. Aber selbst dann, wenn Du das nicht schaffst, wird Dir die Lektüre der hier folgenden, Marx jeweils kommentierenden Texte ein Wissen vermitteln, das Dich in die Lage versetzt, zu erkennen, wie irreal, um nicht einfach zu sagen, wie verrückt die kapitalistische Vergesellschaftung der Welt ist. Darüber hinaus wirst Du wissen, welche Vielfalt radikaler Änderungsmöglichkeiten besteht.

Lass uns hier starten mit der **Einführung**:

**Das Schicksal des Marxismus – Marx lesen im 21. Jahrhundert**

Totgesagte leben länger. Karl Marx wurde als kritischer und wirkmächtiger Theoretiker schon mehr als einmal totgesagt, und jedes Mal ist er dem historischen und theoretischen Tod von der Schippe gesprungen. Das hat einen einfachen Grund: Die Marxsche Theorie kann in Frieden nur sterben zusammen mit ihrem Gegenstand, der kapitalistischen Produktionsweise. Dieses gesellschaftliche System ist „objektiv" zynisch, strotzt geradezu von derart unverschämten Verhaltenszumutungen an die Menschen, erzeugt zusammen mit einem obszönen und geschmacklosen Reichtum derartige Massenarmut und ist in seiner blindwütigen Dynamik von solch unerhörten Katastrophenpotenzen gezeichnet, dass seine schiere Weiterexistenz unvermeidlich stets von neuem Motive und Gedanken radikaler Kritik hervortreiben muss. Und das A und O dieser Kritik ist nun einmal die kritische Theorie jenes Karl Marx, der schon vor über 160 Jahren die destruktive Logik des kapitalistischen Akkumulationsprozesses in ihren Grundzügen unübertroffen analysiert hat.

Aber wie für jedes theoretische Denken, das über das Verfallsdatum eines bestimmten Zeitgeistes hinausreicht, gilt auch für das Marxsche Werk: es bedarf immer einer jeweils neuen Annäherung, die neue Seiten entdeckt und alte Interpretationen verwirft. Und nicht nur Interpretationen, sondern auch bestimmte zeitgebundene Elemente dieser Theorie selbst. Jeder Theoretiker hat mehr gedacht, als er selber wusste, und eine widerspruchsfreie Theorie wäre nicht ernsthaft eine Theorie zu nennen. So haben nicht nur einzelne Bücher ihre Schicksale, sondern auch große Theorien. Es entwickelt sich immer ein Spannungsverhältnis zwischen einer Theorie und ihren Rezipienten, Anhängern wie Gegnern, in dem sich der innere Widerspruch der Theorie entfaltet und damit erst Erkenntnis befördert.

**Marx und der postmoderne Abgesang auf die „Großtheorie"**

Statt sich dem Problem der historischen Prozesshaftigkeit von Gesellschaftstheorie am Anfang des 21. Jahrhunderts neu zu stellen, möchte das sogenannte postmoderne Denken die Dialektik von Theoriebildung, Rezeption und Kritik einfach stillstellen. Gerade die Marxsche Theorie wird nicht mehr anhand ihrer Inhalte überprüft, in ihren historischen Bedingungen analysiert und damit weiterentwickelt, sondern a priori in ihrem Anspruch als sogenannte „Großtheorie" verworfen. Diese falsche Bescheidenheit, die das große Ganze der kapitalistischen Vergesellschaftungsformen nicht mehr als solches in den Blick nimmt, sondern bloß verdrängt, fällt unter das Niveau gesellschaftstheoretischer Reflexion überhaupt. Die Vogel-Strauß-Politik eines derart freiwillig reduzierten und abgerüsteten Denkens verkennt, dass die Problematik sogenannter Großtheorien und Großbegriffe nicht von ihrem realen gesellschaftlichen Gegenstand zu trennen ist. Die Anmaßung, das Ganze erfassen zu wollen, wird durch die gesellschaftliche Realität geradezu provoziert. Das negative Ganze des

Kapitalismus hört in seiner Realexistenz nicht zu wirken auf, nur weil es begrifflich ignoriert wird und weil wir nicht mehr hinschauen sollen: "Die Totalität vergisst euch nicht", wie zu Recht der englische Literaturtheoretiker Terry Eagleton höhnte.

Die postmoderne Kritik der Großtheorie, von vielen Ex-Marxisten dankbar als vermeintlich entlastende Denkfigur aufgenommen, verweist nicht so sehr auf ein affirmatives, apologetisches Denken im herkömmlichen Sinne, sondern eher auf die Verzweiflung einer Gesellschaftskritik, die aus der Bahn geworfen ist und vor einer Aufgabe zurückscheut, die ihr bisheriges Fassungsvermögen übersteigt. Es handelt sich um ein Ausweichmanöver, das nur vorübergehenden Charakter haben kann; das kritische Denken wird unerbittlich wieder zurückgeführt in der Hürde, die es zu überspringen hat. Und diese Hürde ist offenbar vor allem deswegen so schwer zu nehmen, weil das bisherige marxistische Denken dabei auch über seinen eigenen Schatten springen muss. Man könnte diese etwas seltsam klingende Metapher auch durch eine andere ersetzen: Der Marxismus hat eine Leiche im Keller, die nicht länger versteckt gehalten werden kann. Mit anderen Worten: Der Widerspruch zwischen der Marxschen Theorie und ihrer Rezeption durch die alte Arbeiterbewegung sind ebenso wie die Widersprüche innerhalb der Marxschen Theorie selbst am Anfang des 21. Jahrhunderts so weit herangereift, dass die Reaktivierung dieser Theorie, ihre erneute Aktualisierung, nicht mehr in der bisherigen Weise zu haben ist.

## Nach dem Jahrhundert der Arbeiterbewegung

Wenn der voreilig totgesagte Marx in der Vergangenheit immer wieder quicklebendig auf der Matte stand, dann fanden diese Auferstehungen jedes Mal im Binnenraum einer Epoche statt, die man das „Jahrhundert der Arbeiterbewegung" nennen könnte. Es scheint heute evident, dass diese Geschichte abgeschlossen ist. Ihre Motive, theoretischen Reflexionen und sozialen Handlungsmuster sind in gewisser Weise unwahr geworden. Sie haben ihre Zugkraft verloren, das Leben ist aus ihnen entwichen, und sie bieten sich uns dar wie unter Glas. Dieser Marxismus ist nur noch ein langweiliges Museumsobjekt. Aber damit ist noch lange nicht geklärt, warum das so ist. Die eilige Abwendung der ehemaligen Anhänger hat daher etwas Verlogenes an sich, der voreilige Triumphalismus der ehemaligen Gegner etwas Albernes. Denn mit dem unbegriffenen Ende einer unaufgearbeiteten Epoche haben sich die in dieser Geschichte herangereiften Probleme ja nicht in Wohlgefallen aufgelöst, sondern im Gegenteil auf eine neue, noch unerkannte Weise dramatisch zugespitzt. Fast scheint es so, als wäre diese vergangene Epoche nur das Verpuppungsstadium oder die Inkubationszeit einer qualitativ neuen weltgesellschaftlichen Großkrise gewesen, deren Natur man in theoretischer Hinsicht auch nur mit entsprechenden Großbegriffen und in praktischer Hinsicht nur mit einer entsprechend grundsätzlichen gesellschaftlichen Umwälzung beikommen kann. Die allenthalben grassierende, alle möglichen Versatzstücke vermengende Religion eines marktwirtschaftlich-demokratischen „Pragmatismus" wirkt angesichts der realen Lage wie der Versuch, auf Aids mit Klosterfrau Melissengeist oder auf die Explosion eines Atomreaktors mit einem Löschzug der freiwilligen Feuerwehr zu reagieren.

Verräterisch ist, dass der Zentralbegriff dieser pragmatischen Quacksalber-Philosophie von Wissenschaft, Politik und Management, nämlich die rituelle Beschwörungsformel der „Modernisierung", kaum weniger unglaubwürdig, leer, tot und museal erscheint als die Großbegriffe des alten Arbeiterbewegungsmarxismus. Das Ende der Kritik ist auch das Ende der Reflexion, und im reflexionslos dahinwurstelnden postmodernen Kapitalismus hat das Mantra „Modernisierung" den Stellenwert einer hohlen Götzenbeschwörung angenommen. Der Begriff der Modernisierung ist nicht nur ebenso unwahr geworden wie die Begriffe des Arbeiterstandpunkts oder des Klassenkampfs. Dieser Beiden gemeinsame Bedeutungsverlust verweist auch auf ein gemeinsames Wesen und einen gemeinsamen historischen Ort des alten Marxismus und der kapitalistischen Welt. Es ist die verborgene innere Identität der verbissenen Kontrahenten, die immer dann zum Vorschein kommt, wenn sich der immanente Konflikt allein deswegen überlebt hat, weil das gemeinsame Bezugssystem brüchig wird. So gesehen kann nicht der Marxismus als integrales Moment der Modernisierung tot sein und gleichzeitig der Kapitalismus lebendig und unbeirrt eben diese Modernisierung endlos fortsetzen. Vielmehr kann es sich dann nur um ein Scheinleben in einem Zwischenreich handeln, also um eine Art Zombie-Veranstaltung ohne wirkliches Leben im Leib.

Darauf deutet auch der technologische Reduktionismus dieses von allen ursprünglich sozialen, gesellschaftsanalytischen und ökonomiekritischen Inhalten abgelösten Modernisierungsbegriffs hin. Wenn der Zugriff auf Internet und Biotechnologie schon alles sein soll, dann ist das gar nichts, weil Naturwissenschaft und Technologie nicht für sich stehen und keinen isolierten Fortschritt hervorbringen können, sondern immer nur im Kontext einer gesellschaftlichen, sozialökonomischen Entwicklung wirksam sind, die frühere Zustände überwindet. Eine bloß noch technologische Modernisierung, die den Status quo der gesellschaftlichen Ordnung nicht mehr antasten will und mit Marktwirtschaft und Demokratie das Ende der Metamorphose gesellschaftlicher Formen gekommen sieht, disqualifiziert sich selbst. Solche Überlegungen geben schon einen Fingerzeig, auf welche Weise das Ende des Arbeiterbewegungsmarxismus einzuordnen wäre. Wenn die neue, in ihren Konturen allmählich deutlich werdende Weltkrise des 21.

Jahrhunderts gerade darin besteht, dass die gemeinsamen Grundlagen der bisherigen Modernisierungsgeschichte obsolet werden, dann ist damit gleichzeitig gesagt, dass sich der Marxismus der politischen und gewerkschaftlichen Linken samt seiner theoretischen Reflexion selber noch innerhalb der kapitalistischen Formen bewegt hat. Seine Kapitalismuskritik bezog sich also nicht auf das logische und historische Ganze dieser Produktionsweise, sondern immer nur auf bestimmte, jeweils durchlaufene und zu überwindende Entwicklungsstufen. Insofern war die marxistische Bewegung der Arbeiterklasse in ihrem Jahrhundert noch gar nicht der Totengräber des Kapitalismus (so die bekannte Marxsche Metapher), sondern ganz im Gegenteil die vorwärtstreibende innere Unruhe, der Lebensmotor und gewissermaßen der Entwicklungshelfer kapitalistischer Vergesellschaftung. Das marxistische „Noch nicht" im Sinne des Philosophen Ernst Bloch bezog sich daher gegen dessen Intention in Wahrheit keineswegs auf die Emanzipation *vom* Kapitalismus, von seinen repressiven Formen und Grundzumutungen, sondern vielmehr auf die positive Anerkennung *im* Kapitalismus und auf einen Fortschritt *zur* Modernisierung in der kapitalistischen Hülle. Das „Noch nicht" bezeichnete die innere Spannung des Kapitalismus selbst, aber eben noch nicht den Blick darüber hinaus, der erst an seinen historischen Grenzen möglich wird.

### Die innere Ungleichzeitigkeit des Kapitalismus

Die Perspektive der immanenten „Ungleichzeitigkeit" in der Herausbildung des modernen gesellschaftlichen Systems lässt sich auf verschiedenen Ebenen darstellen. So war die noch junge kapitalistische Produktionsweise in jenem Zeitraum des 19. Jahrhunderts, der die Lebensspanne von Karl Marx (1818 – 1883) ausmachte, auf eine bestimmte Weise in Bezug auf sich selber ungleichzeitig: Einerseits hatte sie ihre eigene Logik schon so weit entfaltet, dass diese in ihren Grundzügen sichtbar und damit abstrakt erkennbar geworden war, andererseits waren die spezifisch kapitalistischen Formen noch vielfältig vermischt mit vorkapitalistischen Verhältnissen in verschiedenen Stadien des Verfalls und der noch lange nicht abgeschlossenen Transformation. Wenn sogar das theoretische Bewusstsein dieser gärenden, sich ständig wandelnden Gesellschaft den jeweiligen Zustand des Transformationsprozesses mit dem „Kapitalismus als solchem" verwechseln konnte, so musste natürlich erst recht das praktische, unvermeidlich in die Tageserfordernisse verstrickte Bewusstsein den Kapitalismus gleichsetzen mit den unmittelbaren gesellschaftlichen Erscheinungsformen, denen indes in vieler Hinsicht noch die Schlacken vormoderner Restbestände anhafteten. Wie der Kapitalismus auf diese Weise gerade auch für die jeweils herrschenden Interessen und deren Apologeten als identisch mit einem Stadium seiner noch unausgegorenen Entwicklung erschien (die patriarchalischen Honoratioren- und Clan-Kapitalisten des frühen 19. Jahrhunderts etwa könnten sich kaum in den heutigen Dotcom-Kapitalisten der Globalisierung wiedererkennen), so musste umgekehrt für die fortschrittlichen, über das jeweilige Stadium hinausdrängenden Kräfte die Abstoßung von diesem Zustand den Namen einer Kapitalismuskritik annehmen, auch wenn es in Wahrheit bloß um die Fortentwicklung des Kapitalismus selber ging.

Der Begriff der Modernisierung war daher nicht so eindimensional wie heute, sondern mit einer Art innerkapitalistischen Kritik (man könnte auch sagen: einer fortschreitenden inneren Selbstkritik des noch unfertigen Kapitalismus) aufgeladen. Dies umso mehr, als es sich dabei um einen scheinbar sehr klar bestimmbaren Interessenkampf handelte. Einerseits neigten die selber noch mit vormodernen Denk- und Verhaltensmustern ausgestatteten Kapitalisten-Subjekte des 18. und 19. Jahrhunderts dazu, die von ihnen genutzten Lohnarbeiter paternalistisch und mit autoritären Herrenallüren wie persönlich Abhängige zu behandeln, obwohl es sich bei der „freien Lohnarbeit" der Form nach um Rechtsverträge unter Gleichen handeln musste. Andererseits klagten die Lohnarbeiter und ihre zunächst staatlich unterdrückten Organisationen genau diesen Charakter rechtsgleicher Vertragsverhältnisse gegen den vordergründig persönlichen Herrschaftscharakter des empirisch noch nicht seinem logischen Begriff entsprechenden Kapitalverhältnisses ein. Genau deshalb aber wurde der Klassenkampf zum Motor der kapitalistischen Durchsetzungsgeschichte, und die Kapitalismuskritik gegenüber den persönlichen Eigentümer-Kapitalisten entsprach in Wahrheit nur der reinen Logik des Kapitalismus selber, nämlich der Logik eines Systems strikter formaler Egalität von abstrakten Individuen, die gewissermaßen als Atome eines ihnen gegenüber verselbstständigten ökonomischen Prozesses gesetzt sind.

Außer den paternalistischen persönlichen Herrschaftsallüren und den Resten ständischer Sozialverhältnisse gab es aber auch noch andere Momente der inneren Ungleichzeitigkeit, so etwa vormoderne kulturelle Muster, die sich gegenüber der abstrakten betriebswirtschaftlichen Fließzeit, dem abstrakten Arbeitstag, dem vereinheitlichten politisch-ökonomischen Regelwerk, der Normierung des Alltags und der Dinge, der funktionalistischen Reduktion der Ästhetik usw. in vieler Hinsicht sperrig zeigten. Auch unabhängig vom Klassenkampf und der damit verbundenen immanenten Kapitalismuskritik war der kapitalistische Systemzusammenhang noch nicht ausgereift, zumal selbst in den entwickeltsten kapitalistischen Ländern (allen voran England) die kapitalistische Produktionsweise noch keineswegs alle Produktionszweige vollständig erfasst hatte und die gesellschaftlichen Sphären außerhalb der unmittelbaren betriebswirtschaftlichen Produktion (Staat, Familie, Kulturleben, außerökonomische Korporationen etc.) weder ausreichend auf die kapitalistischen Bedürfnisse zugeschnitten noch durchgehend nach dem Bild kapitalistischer Rationalität umgeformt waren.

## Die Arbeiterbewegung in der „nachholenden Modernisierung" des 19. Jahrhunderts

In einer anderen Hinsicht stellte sich die Ungleichzeitigkeit der kapitalistischen Entwicklung auch als eine äußere dar. Ein großer Teil der Erde war noch so gut wie gar nicht der Logik dieser Produktionsweise unterworfen worden, noch nicht einmal in der oberflächlichen kolonialistischen Form. Ein erheblicher Teil der kolonialen Annexionen fand erst im 19. Jahrhundert statt, und selbst die einmal eroberten Länder und Weltregionen waren natürlich in den Strukturen ihrer gesellschaftlichen Reproduktion bei weitem nicht derart kapitalistisch durchdrungen wie die Mutterländer. Als Rohstoffreservoire und eher marginale Absatzgebiete konnten sie nur teilweise in den kapitalistischen Prozess einbezogen werden, während das Leben im großen Hinterland, das nur punktuell politisch-militärisch beherrscht war, noch weitgehend in vorkapitalistischen Formen verharrte.

Vor allem aber gab es auch innerhalb Europas selber ein gewaltiges Entwicklungsgefälle. Obwohl der Kapitalismus eine lange Vorgeschichte hinter sich hatte, konnte am Ende des 18. Jahrhunderts nur das bereits ansatzweise industrialisierte England ein modernes kapitalistisches Land genannt werden, dem gegenüber die Entwicklung auf dem Kontinent relativ zurückgeblieben war. Innerhalb des kontinentalen Europa wiederum war der westliche

Teil (insbesondere Frankreich und Holland) im Verhältnis zu Mittel- und Südeuropa weiter fortgeschritten. In Deutschland war noch nicht einmal die Voraussetzung einer einheitlichen National-ökonomie und eines dazugehörigen Nationalstaats herausgebildet. So stand das 19. Jahrhundert in Europa und im Kreis jener Länder, die man bereits vage als kapitalistische zu bezeichnen begann, ganz wesentlich im Zeichen einer Aufholjagd. Diese erste nachholende Modernisierung bildete (in der Konkurrenz mit England und Frankreich) geradezu ein Paradigma, das am nachhaltigsten die Entwicklung in Deutschland und in Italien prägte. In Asien kam dann noch Japan hinzu, auf der anderen Seite des Atlantiks mauserten sich die USA sprunghaft zu einem eigenständigen Fokus industriekapitalistischer Entwicklung.

Erst dieser Prozess nachholender Modernisierung in der zweiten Hälfte des 19. Jahrhunderts ließ jenes widersprüchliche globale Zentrum von relativ wenigen Ländern entstehen, die seither in wechselnden Konstellationen und durch verheerende Weltkriege hindurch die kapitalistische Welt dominieren: Was sich nach dem Zweiten Weltkrieg als exklusiver Club der OECD konstituierte, in jüngster Zeit als „G7" regelmäßige globale Gipfelkonferenzen veranstaltet und als Triade (mit den Zentren EU, Japan und USA) figuriert, besteht immer noch aus genau jenem Zentralkomplex von Staaten und Nationalökonomien, die das Ergebnis des angelsächsisch-westeuropäischen „Vorlaufs" und der anschließenden nachholenden Modernisierung Deutschlands, Italiens und Japans im 19. Jahrhundert waren.

Es konnte nicht ausbleiben, dass neben der grundsätzlichen inneren auch diese äußere, nationalstaatlich-nationalökonomische Ungleichzeitigkeit den immanenten Antikapitalismus der alten Arbeiterbewegung bestimmte. Wo in dieser oder jener Hinsicht ein Entwicklungsrückstand zu anderen kapitalistischen Nationen bestand, machte sie sich dieses Problem positiv zu eigen, und wo dieses Gefälle besonders stark war, nahm diese Identifikation auch einen besonders ausgeprägten Charakter an. In Deutschland gehörten die marxistische Sozialdemokratie und die Gewerkschaften zu den vehementesten Verfechtern der nationalen Vereinigung. Wurde diese nationalstaatliche Einheit auch letzten Endes durch den preußischen Militärstaat unter Ägide des Kanzlers Bismarck „von oben" und im Rahmen eines anachronistischen Kaiserreichs vollzogen, so ist der deutschen Sozialdemokratie doch bis heute ein besonders finsterer bürgerlicher Patriotismus erhalten geblieben. In den Konkurrenzverhältnissen, wie sie die Konstellation der nachholenden Modernisierung im 19. Jahrhundert kennzeichneten, nahmen schließlich alle Arbeiterparteien den nationalökonomischen und nationalstaatlichen Standpunkt „ihres" Landes ein, eine Orientierung, die bekanntlich dazu führte, dass sich die „befreundeten" nationalen Arbeiterbewegungen auf den Schlachtfeldern des Ersten Weltkriegs wieder begegnen sollten, um sich voller Hass und mit Enthusiasmus gegenseitig umzubringen. Dieses Einschwenken auf die Position der nationalökonomischen Konkurrenz in der äußeren Ungleichzeitigkeit unter dem Eindruck der nachholenden Modernisierung stand in einem Verhältnis logischer Notwendigkeit zur avantgardistischen Rolle der Arbeiterbewegung hinsichtlich der inneren Ungleichzeitigkeit des kapitalistischen Systems: Die soziale Opposition nach innen und der nationale Konformismus nach außen waren in Wahrheit gar nicht so gegensätzlich, wie es zunächst vielleicht scheinen mochte.

## Die Zwillinge: Der exoterische und der esoterische Marx

In diesem Spannungsfeld innerer und äußerer Ungleichzeitigkeit des Kapitalismus im 19. Jahrhundert ist die Entstehungsgeschichte der Marxschen Theorie angesiedelt. Marx, selber ein Dissident des bürgerlichen Liberalismus, konnte gar nicht anders, als dieser Spannung Rechnung zu tragen. Oberflächlich betrachtet spiegelt Marx' Wirken den inneren und äußeren Widerspruch des Kapitalismus seiner Zeit in doppelter Weise. Zum einen war Marx (neben Friedrich Engels) die herausragende Figur des sozialen Seitenwechsels avantgardistischer Intellektueller, die in der Kritik der besonders in Kontinentaleuropa strukturell rückständigen Regierungsformen von der gemäßigt oppositionellen liberalen Bourgeoisie zur proletarischen Opposition der beginnenden Arbeiterbewegung übergingen. Wenn man freilich den Charakter dieser Bewegung als immanenten Entwicklungsmotor des Kapitalismus selbst versteht, dann war dieser Seitenwechsel keineswegs so sensationell und historisch einschneidend, wie es die marxistische Hagiographie immer hingestellt hat. Der bloße Wechsel des Klassenstandpunkts blieb im Gegensatz zum Selbstbewusstsein der Akteure ganz im Rahmen der kapitalistischen Logik und war vor allem von der Enttäuschung über die mangelnde immanente Fortschrittlichkeit der empirischen, dem damaligen Status quo allzu sehr verhafteten, allzu konservativen Kapitalisten-Klasse bestimmt.

Die Grundfigur des daraus resultierenden dissidenten Denkens bestand in der Idee, die von der „besitzenden Klasse" des aufsteigenden Kapitalismus nur halbherzig und schleppend durchgeführten, großenteils sogar liegengelassenen „bürgerlichen Aufgaben" der weiteren kapitalistischen Entwicklung (Ausdifferenzierung der bürgerlichen Rechtsverhältnisse, Homogenisierung des sozialen Raums, Modernisierung der familialen und kulturellen Strukturen etc.) gewissermaßen der jungen Arbeiterbewegung zu übertragen, ein gerade bei Marx immer wieder anklingendes Motiv. Insofern machte die Theorie aber nur bewusst, was ohnehin als wesentlicher Impuls der Arbeiterbewegung durch den Kampf um Anerkennung im Kapitalismus bereits angelegt war. Und soweit die Marxsche Theorie diesem Impuls wissenschaftlichen Ausdruck verlieh, konnte sie eben zum gesellschaftstheoretischen Sprachrohr oder zur wissenschaftlichen Repräsentanz der Arbeiterbewegung als jenem inneren Entwicklungsmotor des Kapitalismus werden.

Verstärkt wurde diese Rolle der Marxschen Theorie auch noch dadurch, dass Marx als Deutscher gleichzeitig aus der Perspektive der spezifisch deutschen kapitalistischen „Unterentwicklung" schrieb. „Uns quält", heißt es schon im Vorwort zur ersten Auflage des „Kapital", „gleich dem ganzen übrigen kontinentalen Westeuropa, nicht nur die Entwicklung der kapitalistischen Produktion, sondern auch der Mangel ihrer Entwicklung. Neben den modernen Notständen drückt uns eine Reihe vererbter Notstände, entspringend aus der Fortvegetation altertümlicher, überlebter Produktionsweisen, mit dem Gefolge von zeitwidrigen gesellschaftlichen und politischen Verhältnissen. Wir leiden nicht nur von den Lebenden, sondern auch von den Toten. Le mort saisit le vif"… In solchen Aussagen wird deutlich, wie sehr der Dissident Marx dem liberalen Fortschrittsbegriff und dem historischen Entwicklungsschema der Hegelschen Philosophie verhaftet war, das er lediglich aus einer rein geistesgeschichtlichen Fassung auf die Geschichte der ökonomischen Produktionsweisen übertragen oder, wie er selbst es ausdrückte, „vom Kopf auf die Füße gestellt" hatte. Der Kapitalismus war aus dieser Sicht historisch einfach „dran", und um ihn regelrecht abschaffen zu können, musste man

ihn als historisch notwendige Produktionsweise erst einmal einführen, aufpäppeln, weiterentwickeln und gewissermaßen seinem Begriff annähern. Zu umgehen sei er jedenfalls nicht, so
Marx in jenem Vorwort, denn es handle sich um mit „eherner Notwendigkeit sich durchsetzende" Tendenzen: „Das industriell ent-
wickeltere Land zeigt dem minder entwickelten nur das Bild der
eigenen Zukunft".

In seinem positiven theoretischen und in gewisser Hinsicht ge-
schichtsphilosophischen Bezug sowohl auf die innere wie auf die
äußere Ungleichzeitigkeit des Kapitalismus im 19. Jahrhundert
kann Marx als reflektierter Modernisierungstheoretiker und gerade dadurch als „Cheftheoretiker" der modernen Arbeiterbewegung gelesen werden. In dieser Lesart haben wir es mit dem ver-
trauten Marx des „Klassenkampfs", des „ökonomischen Interes-
ses", des „Arbeiterstandpunkts", des „historischen Materialismus" usw. zu tun. Ginge die Marxsche Theorie darin auf, dann
würde sie sich nur der sozialen Akzentsetzung nach, nur durch
ihre spezifische Terminologie und durch ihren geschichtstheore-
tischen Unterbau von anderen Modernisierungstheorien unterscheiden. In diesem Sinne wäre das Programm einer bloß immanenten, auf die verschiedenen Ebenen der Ungleichzeitigkeit be-
zogenen Kapitalismuskritik heute abgearbeitet und damit *auch
Marx erledigt.*

Aber in die Marxsche Theorie ist auch ein ganz anderer Argumentationsstrang eingezogen, der über den Horizont seiner Zeit weit
hinausreicht. Dabei handelt es sich um eine viel tiefer gehende
Kapitalismuskritik, die auch im logischen und historischen Sinne
diesen Namen verdient, weil sie die kapitalistische Produktionsweise grundsätzlich in ihren elementaren politisch-ökonomischen
Formen kritisiert, die alle sozialen Gruppen, Klassen und Schich-

ten übergreifen und das gemeinsame Bezugssystem der innerkapitalistischen sozialen Konflikte bilden. Diese zweite und eigentliche Ebene der Marxschen Kapitalismuskritik gilt nicht mehr bloß einem bestimmten Modus oder einer bestimmten Entwicklungsstufe oder bestimmten Auswirkungen dieses gesellschaftlichen Formzusammenhangs, sie ist nicht bloß akzidentiell oder phänomenologisch, sondern sie betrifft das Wesen oder den Kern der Sache; sie bezieht sich nicht auf negative Eigenschaften oder (möglicherweise einer immanenten Korrektur zugängliche) Fehler und Mängel, sondern sie ist *kategorisch* oder *kategorial*, d.h., sie verwirft die grundlegenden Wesensbestimmungen des Kapitalismus.

Dabei handelt es sich ja nicht um bloße Bestimmungen des (theoretischen, wissenschaftlichen) Denkens, sondern um Realkategorien der gesellschaftlichen Reproduktion und Lebensweise, die dann als Begriffe in der Theorie (z.B. in der bürgerlichen Volkswirtschaftslehre) wieder erscheinen. Deswegen lässt sich der Untertitel des Marxschen „Kapital", nämlich die „Kritik der politischen Ökonomie", auch doppelt verstehen: einmal als Kritik der vor oder unabhängig von jeder Theorie existierenden realen, objektiven Verhältnisse in ihren elementaren sozialökonomischen Beziehungsformen, zum anderen als Kritik der damit verbundenen und daraus hervorgehenden *Denk- und Bewusstseinsformen* sowohl des „Alltagsverstands" als auch der Ideologie und der Wissenschaft.

Es ist ziemlich leicht, die elementaren kapitalistischen Kategorien zu benennen, aber es ist ziemlich schwer, sie einer grundsätzlichen Kritik zu unterziehen. Die Abstraktion „Arbeit", der ökonomische „Wert", die gesellschaftliche Darstellung der Produkte als „Waren", die allgemeine Geldform, die Vermittlung durch

„Märkte", die Zusammenfassung dieser Märkte in „Nationalökonomien" mit bestimmten Geldeinheiten (Währungen), die „Arbeitsmärkte" als Voraussetzung einer derart flächendeckenden
Waren-, Geld- und Marktwirtschaft, der Staat als „abstraktes Gemeinwesen", die Form des abstrakt-allgemeinen „Rechts" (der juristischen Kodifizierung) aller persönlichen und sozialen Beziehungen und als Form der gesellschaftlichen Subjektivität, die aus-
entwickelte, reine Staatsform der „Demokratie", die irrationale,
kulturell-symbolische Verkleidung der nationalökonomisch-staat-
lichen Kohärenz als „Nation" – alle diese Grundkategorien moderner kapitalistischer Vergesellschaftung, einerseits durch blinde
historische Prozesse hindurch herausgebildet, wurden den Menschen andererseits in einem mehrhundertjährigen Prozess der
Pädagogisierung, Gewöhnung und Verinnerlichung von den jeweiligen (selber in Bezug auf das Ganze bewusstlosen) Protago-
nisten und Machthabern aufoktroyiert mit dem Ergebnis, dass
diese Kategorien schon bald geradezu als unüberwindbare an-
thropologische Konstanten erschienen, die jeder Kritik spotten.

Es war allerdings eine reife Leistung der bürgerlichen Aufklärungsphilosophie und der dazugehörigen Wirtschaftstheorie des späten 18. Und des frühen 19. Jahrhunderts, dass es gelang, den vor-
her nie dagewesenen gesellschaftlichen Formzusammenhang des
Kapitalismus als im Prinzip schon immer existierende Naturge-
setzlichkeit des menschlichen Zusammenlebens zu verkaufen.
Diese eigentlich ewigen Kategorien seien, so hieß es, in der Vergangenheit lediglich fehlerhaft und unvollständig angewendet
worden, weil das nötige Verständnis (die durch Aufklärung er-
weckte Vernunft) gefehlt habe. Nachdem aber nunmehr diese
Vernunft glücklicherweise endlich gefunden sei, habe die Geschichte der Irrtümer ein Ende, und die Menschheit könne in Be-
folgung der eigentlich schon immer vorhandenen und gültigen

Prinzipien der Gesellschaft schlechthin (sprich: des Kapitalismus) einer glorreichen Zukunft entgegengehen.

Hegel modifizierte dieses Konstrukt auf raffinierte Weise, indem er die bei den Aufklärern noch als Fehler und Irrtümer figurierenden vormodernen Gesellschaftszustände in ebenso viele „notwendige Entwicklungsstufen" umdefinierte, die natürlich allesamt nur den Sinn gehabt hätten, auf die wunderbare Moderne als Gipfel- und Endpunkt der menschlichen Entwicklung zuzulaufen. Dass Hegel dieses Stadium ausgerechnet in der konstitutionellen preußischen Monarchie erreicht sah, zeigt natürlich, wie sehr auch er die Moderne oder den Kapitalismus (der bei ihm freilich nicht so heißt, sondern wesentlich hochtrabendere Namen trägt, z.B. den des „Weltgeistes") als Ziel der Geschichte mit dem unausgereiften Ist-Zustand seiner Zeit verwechselte.

So kam es also, dass die moderne Philosophie im Allgemeinen und die Volkswirtschaftslehre (später auch die ausdifferenzierten akademischen Disziplinen von Soziologie, Politikwissenschaft etc.) im Besonderen den völlig neuartigen kategorialen Zusammenhang der kapitalistischen Gesellschaft als angeblich natürliche Prinzipien des Zusammenlebens und des Wirtschaftens auf die gesamte Menschheitsgeschichte projizierten. Auch heute noch gilt es trotz aller Kritik an einer ahistorischen, unspezifischen Betrachtungsweise zumindest in den Wirtschaftswissenschaften als ausgemacht, dass schon der erste Faustkeil, den ein Vormensch aus dem Stein geschlagen hat, Kapital gewesen sei und einen Preis auf einem Markt von Subjekten eines Warentauschs erzielt haben müsse. Marx blieb zwar in geschichtsphilosophischer Hinsicht Hegel verhaftet; aber er machte sich doch nicht nur weidlich lustig über diese haarsträubenden Anachronismen der Volkswirtschaftslehre und er „historisierte" nicht nur explizit oder implizit die modernen kapitalistischen Kategorien, sondern er bestimmte sie auch grundsätzlich als Formen einer zutiefst irrationalen, destruktiven und letztlich selbstzerstörerischen Form der Gesellschaft.

Aber diese radikale Kritik ist eben vermengt und verschränkt mit jener Analyse der inneren und äußeren Ungleichzeitigkeit des Kapitalismus und jener Repräsentanz der bloß auf Anerkennung „im" Kapitalismus orientierten Arbeiterklasse, so dass Marx teils in seiner Ausdrucksweise, teils auch im Inhalt seiner Argumentation auf Schritt und Tritt zwischen einer grundsätzlichen kategorialen Kritik einerseits und einer „positivistischen" (oder als solche lesbaren) Darstellung andererseits schwankt, ja im Hinblick auf viele zentrale Begriffe und Argumentationen offensichtlich in sich widersprüchlich wird. Insofern muss man vom *„doppelten Marx"* sprechen, und zwar genau im Bezug auf dieses Verhältnis von positivistischer Immanenz und kategorialer Transparenz in seiner Theoriebildung. Dabei haben wir es einmal mit einem „exoterischen" (nach außen gewandten, gut rezipierbaren) und einmal mit einem „esoterischen" (kategorisch denkenden, schwer zugänglichen, die Dinge hinterfragenden) Marx zu tun. Der exoterische Marx ist der positiv auf die immanente Entwicklung des Kapitalismus bezogene, der esoterische Marx dagegen der auf die kategorische Kritik des Kapitalismus bezogene Theoretiker.

**Marx und die Arbeiterbewegung: keine Liebesheirat**

Für Marx selber und seine Rezipienten in der Arbeiterbewegung waren diese beiden ineinander verschlungenen Momente jedoch nicht auseinanderzuhalten. Obwohl Marx schon früh die Politik als Form einer bloß äußerlichen und abstrakten, vom Verwertungsprozess des Kapitals abhängigen Gesellschaftlichkeit erkannt hatte, bildete er sich doch ein, die Arbeiterbewegung könne gerade auf dem Weg des politischen (staatsbezogenen) Kampfes und über bloß immanente Interessenvertretung hinausgetrieben werden zu jener noch unscharfen und das kapitalistisch konstituierte Bewusstsein übersteigenden kategorischen Kritik, deren Erfüllung er selber gelegentlich als „Traum", als „ungeheuerlichen Zweck" oder als Tat eines „enormen Bewusstseins" bezeichnete.

Die Arbeiterbewegung und ihre großenteils biederen politischen Repräsentanten konnten ihrerseits mit der implizit oder explizit aufscheinenden kategorischen Kritik so gut wie gar nichts anfangen. Ein wenig heuchlerisch schob man das Problem gern auf eine bloße Schwerverständlichkeit der theoretischen Ausdrucksweise und machte sich absichtlich dem „großen Denker" gegenüber klein, aber nur um klammheimlich den schlichten Alltagsverstand des geldverdienenden Arbeitsmenschen gegen die „graue Theorie" und ihre unpraktischen, nutzlosen „Spintisiererereien" in Anschlag zu bringen. Vor diesem Hintergrund erschienen jene angeblich unverständlichen Ausführungen von Marx zur grundsätzlichen Kritik der kapitalistischen Formen vielen sonst durchaus wohlwollenden Rezipienten auch als eine Art „Hegelianischer Flausen" oder geradezu als „philosophischer Quatsch". In Wahrheit verbirgt das abstrakt ontologische und erkenntnistheoretische, scheinbar praxisferne Räsonnement der modernen Philosophie in seiner terminologischen Verkleidung eben die Reflexion über die kapitalistischen Denkformen, die zugleich gesellschaftliche Praxisformen sind.

Während Marx wider sein eigenes besseres Wissen in der über den bloß gewerkschaftlichen täglichen Interessenkampf hinausgehenden politischen Form der Arbeiterbewegung das Vehikel einer grundsätzlichen Formkritik (und damit paradoxerweise auch der politischen Form selber) erkennen wollte, wurde für die Arbeiterbewegung diese politische Form gerade umgekehrt zum

Vehikel dafür, die gewissermaßen nur aus den Augenwinkeln betrachtete und geradezu angstbesetzte kategoriale Formkritik sachte zu umgehen, um statt dessen die (letztlich erfolgreiche) Anerkennung im Kapitalismus als Subjekt der Arbeit und auf den Arbeitsmärkten zu erstreiten. So täuschte man sich wechselseitig, und Marx wurde nicht nur in seiner exoterischen Eigenschaft zum wissenschaftlichen Repräsentanten der Arbeiterbewegung, sondern gleichzeitig in seiner esoterischen Eigenschaft zum ewig unzufriedenen theoretischen Grummler und Grantler, Nörgler und abkanzelnder Schulmeister im Hintergrund, ein getreues Spiegelbild seines eigenen inneren Widerspruchs im Verhältnis zur geschichtlichen Bewegung der Arbeiterklasse in den Kapitalismus hinein statt aus ihm heraus.

Die aus diesem äußerst zwiespältigen Verhältnis notwendig resultierende Spannung führte ziemlich bald dazu, dass die Widersprüchlichkeit der Theorie in ihre *Kanonisierung* und *Dogmatisierung* umschlug, wie es sich stets verhält, wenn die eigene legitimatorische Weltsicht einen blinden Fleck enthält, der nicht zur Sprache kommen darf. Marx hatte zwar ironisch bemerkt, dass er „kein Marxist" sei, was ihm aber nichts nutzte. Denn die Umwandlung und damit Bannung des theoretischen Widerspruchs in die Ideologie eines „Ismus" war die einzige Möglichkeit, seine Theorie auf eine Rezeption zurechtzustutzen, die den Bedürfnissen der Arbeiterbewegung entsprach. Und diese Ideologisierung machte mit Marx das, was jedem ungleichzeitigen Denker geschieht, der in seiner Zeit und ihr doch voraus ist: Er wurde nur deswegen als exoterischer Marx bis zum Dogma erhöht, um als esoterischer Marx erniedrigt und hintenherum getreten zu werden. Am angestrengtesten durch die „marxistischen" Parteiideologen und akademischen Gelehrten von Karl Kautsky bis Oskar Negt. Vielleicht auf keinen Denker der Moderne trifft so sehr der Spruch des polnischen Aphoristikers Stanislaw Jerzy zu wie auf Marx: „Sie haben ihn durch ein Denkmal gesteinigt".

## Der Marxismus und die nachholende Modernisierung im 20. Jahrhundert

Diese Steinigung des esoterischen Marx setzte sich nach seinem Tod über mehr als ein Jahrhundert hinweg fort. Denn das „kurze" zwanzigste Jahrhundert, bestimmt durch die historischen Daten von 1914 und 1989, erlebte nicht den Durchbruch der kategorischen Kritik in der Marxschen Theorie und damit eine neue Qualität gesellschaftskritischer Reflexion, sondern ganz im Gegenteil den abermaligen Aufstieg und schließlichen Absturz des exoterischen, positiv-immanenten Modernisierungs-Marx auf einer neuen Ebene der historischen Ungleichzeitigkeit im Kapitalismus. Denn das 20. Jahrhundert bildete – trotz der beiden Weltkriege und der Weltwirtschaftskrise (1929 – 1933) – noch nicht das Säkulum der Krisenreife und Transformation des Kapitalismus, sondern stattdessen wesentlich die Epoche einer zweiten großen Welle der „nachholenden Modernisierung". Jetzt erst traten die großen Weltregionen der kapitalistischen Peripherie, die überwiegende Mehrzahl der Menschheit, wie von Marx schon Jahrzehnte zuvor prophezeit, in die kapitalistische Weltgeschichte ein.

Diese zweite nachholende Modernisierung differenzierte sich wiederum in zwei miteinander verschränkte Bewegungen: zum einen in die Heraufkunft des östlichen Staatssozialismus (vulgo Staatskapitalismus), der es zu Ansätzen eines eigenen Weltsystems brachte, zum anderen in die südliche nationale Befreiungsbewegung der kolonialen Länder, deren Entkolonisierung und bürgerlich-nationalstaatliche Unabhängigkeit erst seit dem Ende des Jahrhunderts abgeschlossen ist (endgültig mit der Rückgabe Hongkongs an China). Der Urknall dieser Weltgeschichte des 20. Jahrhunderts war die große russische Oktoberrevolution am Ende des Ersten Weltkriegs, gefolgt von der chinesischen Revolution im Zuge des Zweiten Weltkriegs und den großen antikolonialen Befreiungskriegen (Algerien, Vietnam, südliches Afrika) in den Nachkriegsjahrzehnten.

Es konnte nicht ausbleiben, dass der exoterische Marx, dessen immanente Modernisierungstheorie in der westlichen sozialdemokratischen Arbeiterbewegung schon ein wenig verblasst und mit Versatzstücken der positivistischen bürgerlichen Wissenschaften vermengt worden war, in der zweiten historischen Welle der nachholenden Modernisierung auch seinen zweiten Frühling erlebte. Denn indem die peripheren Regionen in den globalen Horizont des Kapitalismus eintraten, konnten sie nicht bloß auf die beschränkten eigenen Kulturtraditionen etc. zurückgreifen. Sie benötigten vielmehr eine universelle westliche Theorie als legitimatorischen Hintergrund, die gleichzeitig als universelle, auf die kapitalistische Weltgeschichte bezogene Legitimationstheorie einen historisch oppositionellen Charakter tragen musste, um für die Konkurrenz der nachholenden Peripherie mit den etablierten Zentren des Kapitals instrumentalisiert werden zu können.

Der exoterische Marx wurde also von Theoretikern wie Lenin, Stalin und Mao Zdong erneut aufgegriffen und diesmal zurechtfrisiert für die Bedürfnisse der neuen historischen Aufholjagd an der kapitalistischen Peripherie. Diese Bedürfnisse unterschieden sich insofern von denen der westlichen Arbeiterbewegung, als es nicht einfach um die Anerkennung der Lohnabhängigen in einem bereits etablierten Kapitalismus ging, sondern um die nachholende Etablierung der kapitalistischen Gesellschaftskategorien selbst, und zwar weit über die Erfordernisse jenes ähnlichen Prozesses der nachholenden Modernisierung Deutschlands, Italiens und Japans im 19. Jahrhundert hinaus. Denn erstens war der Rückstand im Grad moderner kapitalistischer Vergesellschaftung viel größer als innerhalb des früheren europäischen Gefälles, zweitens musste die „Aufholjagd" in viel kürzerer Zeit und auf einem viel höheren Entwicklungsniveau des Weltkapitals durchgezogen werden, und drittens konnte dies nur in einer prekären Konkurrenz zu einem bereits global dominierenden Kreis von hochentwickelten und hochgerüsteten kapitalistischen Zentralmächten geschehen.

In diesem Kontext erlebte die Marxsche Theorie eine nochmalige Verbiegung und Reduktion. Die esoterischen Momente der kategorischen Kritik erschienen nicht einmal mehr als abgehobene philosophische Reflexion jenseits der praktischen Erfordernisse, sondern verschwanden auf dem Weg von Lenin zu den Theoretikern der nationalen Befreiung nahezu vollständig aus der Diskussion. Der soziale Bezug zu einer Arbeiterbewegung blieb zwar formal erhalten, reduzierte sich aber praktisch auf relativ kleine Gruppen und gewerkschaftliche Organisationen im Kontext einer noch dünnen Industrialisierung. Die marxistischen Arbeiterparteien der Peripherie wurden selber zu bürokratischen Maschinen der „nachholenden Inwertsetzung" von Gesellschaften, die noch nicht von der kapitalistischen ökonomischen Form durchdrungen waren. Sie waren nicht bloß Repräsentanten der inneren Unruhe oder der weiteren rechts- und sozialstaatlichen Ausdifferenzierung des Kapitalismus wie ihre westlichen Bruder- und Schwesterparteien, sondern mussten überdies (bei Lenin noch einigermaßen bewusst) selber in einem abstrakt-gesamtgesellschaftlichen Sinne „Bourgeoisie spielen", weil die soziale Bourgeoisie der peripheren Länder einfach zu mickrig für diese Aufgabe war. Die Identifikation dieses peripheren Marxismus mit der jeweiligen (in den Exkolonien meistens erst frisch erfundenen und völlig synthetischen) Nation nahm daher einen noch intensiveren Charakter an als im Westen.

Die Paradoxie dieses legitimationsideologischen Marxismus der zweiten nachholenden Modernisierung überstieg noch bei weitem diejenige der westlichen Arbeiterparteien, denn es handelte sich ja um das nur aus der besonderen historischen Konstellation erklärbare Amalgam eines „antikapitalistischen Entwicklungskapitalismus" oder direkten Staatskapitalismus, der im Spannungsfeld einer besonders krassen äußeren Ungleichzeitigkeit den Widerspruch der Marxschen Theorie auch besonders krass ausdrücken musste. Vordergründig erschien und gab sich diese zweite Rezeption des exoterischen Marx wesentlich radikaler als die erste, aber eben nicht deswegen, weil sie die verborgene kategorische Kritik des Kapitalismus mobilisiert hätte und damit zur Wurzel des historischen Verhältnisses vorgedrungen wäre, sondern ganz im Gegenteil, weil sie einer härteren Belastung der innerkapitalistischen Ungleichzeitigkeit ausgesetzt war. Als Staatsbürokratien mussten die marxistischen Arbeiterparteien nicht nur die bürgerlichen Aufgaben in einem viel emphatischeren Sinne übernehmen als einst im Westen, ja sogar paradoxerweise die Arbeiterklasse als Menschenmaterial des Verwertungsprozesses selber erst in großem gesellschaftlichen Maßstab hervorbringen! Wenn sich diese Hardcore-Version des exoterischen Marxismus als radikal darstellte, dann handelte es sich in Wahrheit weniger um eine *Radikalität der theoretischen und praktischen Kritik* als vielmehr um eine notgedrungene *Militanz der Konkurrenz* in der innerkapitalistischen Selbstbehauptung gegenüber den westlichen Zentren, die sich daher auch einer entsprechend martialisch ausgerichteten kulturell-symbolischen Darstellung befleißigte und im Zeichen der Revolutionskriege und nationalen Befreiungskriege des 20. Jahrhunderts den Insignien der Arbeit, Hammer und Sichel, die stilisierte Kalaschnikow hinzufügte.

Ohne dass der dabei aufscheinende Problemzusammenhang mit den Mitteln der Marxschen Modernisierungstheorie auf den Begriff gebracht werden konnte, führte diese bloß relative Differenz innerhalb der Marx-Rezeption zum großen Schisma der marxistischen Weltbewegung. Diese Spaltung, vordergründig durch den scheinbaren Gegensatz von östlich-südlicher Radikalität und gemäßigtem westlichen Reformismus bedingt, reflektierte in Wirklichkeit nur den Unterschied im Grad der Ungleichzeitigkeit und Unabgeschlossenheit der kapitalistischen Durchdringung: In der älteren Schicht des westlichen Entwicklungswegs ging es um die bloße Anerkennung innerhalb des bereits ausgeformten modernen Staates, in der jüngeren östlich-südlichen Schicht um die Eroberung der Staatsmacht zwecks Installation einer modernen Staatsmaschine als Träger staatskapitalistischer Industrialisierung. Es ist verständlich, dass die an diese Konstellation gebundene Form einer scheinbaren (auf die staatliche Machtfrage zentrierten) Radikalisierung der Marxschen Theorie in den westlichen Zentren nur eine ideologische Minorität mobilisieren konnte; der Kommunismus (als Etikettierung des neuen staatskapitalistischen Modernisierungsschubs) blieb im Westen ein bloßer Ableger, eine Art Hilfstruppe der Sowjetunion und kam daher über den Status einer historischen Fußnote nicht hinaus, während er seine eigentliche Ausstrahlungskraft auf die großen peripheren Weltregionen behielt. Die westliche Sozialdemokratie dagegen, saturiert durch vielfältige Teilnahme an der kapitalistischen Menschenverwaltung und entsetzt über die rohen Formen der peripheren marxistischen Entwicklungsdiktatur, entsorgte ihren Marxismus allmählich ganz und mutierte nach dem Zweiten Weltkrieg in ihrer Legitimation und Programmatik zu einer matten keynesianischen Sozialstaatstheorie ohne Klassenkampf- und Revolutions-Rhetorik: Der exoterische Marx war gewissermaßen in den alleinigen Besitz der historischen Nachzügler übergegangen.

## Die Verwurstung des Marxismus im Kalten Krieg

Das Schicksal der Marxschen Theorie im 20. Jahrhundert lässt sich nur durch die Dechiffrierung der äußerlichen Gegensätze im Kontext einer globalen innerkapitalistischen Verwerfung erklären, in der sich die weltgeschichtliche Bewegung des Kapitalismus erstmals nicht nur ihrer Logik nach, sondern auch empirisch als *Weltkapital* darzustellen begann, dem kapitalistischen Wesen entsprechend in der Form von zerfleischender Konkurrenz und Großkatastrophen ungeahnten Ausmaßes. Dabei überlagerten sich mehrere große Entwicklungswellen, deren gegenseitige Beeinflussung nur vorübergehend stabil erscheinende Systemwelten und Konkurrenzverhältnisse hervorbrachte. Das „Jahrhundert der(westlichen) Arbeiterbewegung" (ca. 1848 – 1945) überschnitt sich mit dem „Jahrhundert der nationalen Entwicklungsrevolutionen" (1918 – 1989) und dem Kampf um die kapitalistische Weltherrschaft innerhalb des Zentrums, der 1945 mit dem Beginn der „Pax Americana" endgültig entschieden war.

Nach dem Zweiten Weltkrieg stellte sich dieser Gesamtprozess in der Konstellation jener "drei Welten" dar, von der die zweite Hälfte des 20. Jahrhunderts bestimmt war: nämlich der „Ersten Welt" des alten kapitalistischen Zentrums nunmehr unter unangefochtener Führung der Vormacht USA, der „Zweiten Welt" des östlichen Staatskommunismus alias Staatskapitalismus unter Führung der Sowjetunion und schließlich der „Dritten Welt" jener postkolonialen nationalen Befreiungsbewegungen und Entwicklungsdiktaturen unterschiedlichster Couleur im globalen Süden. Ost und West, Erste und Zweite Welt standen sich im Kalten Krieg des sogenannten Systemkonflikts gegenüber, während die Dritte Welt sich teils in einem losen Verbund der Blockfreien (mit deutlich staatssozialistischer Schlagseite) organisierte, teils zum Schauplatz von Stellvertreterkriegen der beiden Systemblöcke wurde.

Die Marxsche Theorie, die in ihrer umgemodelten exoterischen Gestalt diese ganze Epoche von der Peripherie her überstrahlte, wurde von beiden Seiten jetzt endgültig bis zur Unkenntlichkeit entstellt. Hatte am Anfang, als die junge Sowjetunion noch intellektuell und kulturell mit der westlichen Politik und Geistesgeschichte verbunden war (vermittelt über die während der zaristischen Zeit emigrierten Sozialisten), das nur scheinbar emanzipatorische Pathos des „neuen Menschen" und der utopisch aufgeladenen „neuen Zeit" gestanden, so enthüllte sich sehr bald der staatskapitalistische Modernisierungscharakter des sowjetischen Regimes und aller folgenden Entwicklungsdiktaturen, in denen nicht die soziale Emanzipation des Menschen, sondern seine Verwandlung in das Material einer staatlich gesteuerten Teilnahme am Weltmarkt auf der Tagesordnung stand. So kann es kaum verwundern, dass alsbald nicht nur die staatsbürokratischen Arbeits-, Geld- und Marktformen des frühkapitalistischen Take-off, sondern auch die gewöhnlichen Modernisierungsverbrechen zum Vorschein kamen, als sich die ideologische Staubwolke der Revolution gelegt hatte.

Der Westen, befangen im kalten Krieg mit dem eingeigelten Gegenlager der historischen Nachzügler, ernannte Marx und dessen Theorie nun zur negativen Repräsentationsfigur für das totalitäre Reich des Bösen, während ihn der staatskapitalistische Osten zur legitimatorischen Ikone einer längst verdunkelten Hoffnung für die Regimes der entwicklungsdiktatorischen Industrialisierung ausmalte. In seiner Verblendung wollte der Westen in diesem „marxistischen" Osten (und teilweise Süden) nicht das Bild seiner eigenen Vergangenheit erkennen, obwohl dieser in den darauf folgenden siebzig Jahren bis zur Lächerlichkeit nicht nur die kapitalistischen Kategorien, sondern auch die kapitalistische Lebens- und Konsumweise auf relativ niedrigem Niveau unter einer staatsbürokratischen Hülle nachzuahmen suchte.

## Die 68er Bewegung als Johannistrieb des exoterischen Marx

Am Ende des westlichen Wirtschaftswunders, jenes großen Nachkriegsbooms der fordistischen Industrien mit dem Automobil als zentralem Produktions- und Konsumgut, erlebte der exoterische Marx – eigentlich schon jenseits seiner historischen Zeit – noch einmal einen unerwarteten dritten Frühling, diesmal in Gestalt der großen westlichen Jugend- und Studentenbewegung, die von verwandten Erscheinungen im Ostblock (Prager Frühling) und in der Dritten Welt begleitet war. Aber dieser dritte Frühling war nur noch ein laues Lüftchen, das lediglich die Oberfläche der Gesellschaft mit einer kulturell-symbolischen Bewegung berührte. Der Versuch, diese Bewegung mit dem nationalrevolutionären Pathos der Dritten Welt anzureichern und noch einmal in einem großen strategischen Entwurf die Rezeption des exoterischen Marx zu einer globalen historischen Kraft zusammenzufassen, erschöpfte sich weitgehend in einer revolutionsromantischen Popkultur. Nur eine winzige Minderheit versuchte diese zum Scheitern verurteilte strategische Option in quasi-existentialistischen, völlig isolierten militärischen Kamikaze-Aktionen zu realisieren (so etwa die RAF).

Die Marxsche Theorie wurde dabei nicht auf der erreichten Entwicklungshöhe der kapitalistischen Gesellschaftsformen weitergedacht, sondern in einer begrifflich ziemlich verwahrlosten Gestalt aus der Peripherie reimportiert, deren nachholende Modernisierung ökonomisch und strukturell bereits im Scheitern begriffen war, während sie noch ihre letzten politisch-revolutionären Triumphe zu erleben schien.

Was für die kapitalistischen Metropolen selber als Rest oder Überhang der alten Modernisierungsfunktion im Verständnishorizont des exoterischen Marx noch übrigblieb, war ein kulturrevolutionärer Anschub der 68er Bewegung für die dann folgende Entfesselung des letzten, postmodernen Stadiums kapitalistischer Individualität: Die von der Jugend- und Studentenbewegung noch mit marxistischem Vokabular aufgemotzten Motive der habituellen Kulturkritik, des Antiautoritarismus, der „sexuellen Revolution" und eines punktuellen Kampagnenwesens verwandelten sich in ebenso viele avantgardistische Management- und Marketing-Konzepte, in eine damit verbundene Kommerzialisierung des Intimen und ein neues Selbstunternehmertum der Arbeitskraft.

Soweit die sogenannten neuen sozialen Bewegungen, die im Gefolge von 1968 bis Mitte der 80er Jahre verschiedene Anläufe einer Gegenkultur unternahmen, sich noch als grundsätzliche gesellschaftliche Opposition (miss)verstanden, bezogen sie sich immer seltener auf die Marxsche Kritik der politischen Ökonomie. Das Potential der marxistischen Interpretation reichte offensichtlich nicht mehr für eine Erklärung der fortgeschrittenen gesellschaftlichen Wirklichkeit aus. Aber ohne den Rückgriff auf die Marxsche Theorie fehlte der Analyse die kritische Schärfe, und die Bewegungen verloren ihren Biss, zerbröselten oder gingen via Subkultur und lobbyistische Nischenpolitik im Kapitalismus auf.

## Die große Irritation nach dem Ende des Marxismus

Mit dem Absterben auch dieses Johannistriebs konnte der exoterische Marx für immer in der Versenkung verschwinden. Aber diese Erschöpfung des marxistischen Paradigmas wurde mangels historischer und theoretischer Reflexion ihres Stellenwerts so interpretiert, als müsse damit die Kapitalismuskritik überhaupt als bloße Verirrung ad acta gelegt werden. Dieser oberflächliche Eindruck schien sich dramatisch zu bestätigen, als 1989 – ironischerweise pünktlich zum zweihundertsten Jahrestag der Französischen Revolution – das morsche Reich des östlichen Staatskapitalismus zusammenbrach und fast lautlos im Orkus der Geschichte verschwand. Der im Namen des exoterischen Marx vielbeschworene Realsozialismus büßte schlicht seine Realität ein. Und da gab es erst einmal kein Halten mehr: Noch ganz in der Sichtweise des Kalten Krieges wurde der ebenso unerwartete wie unbegriffene Epochenbruch quer durch alle politischen und theoretischen Lager als endgültiger Sieg von „Marktwirtschaft und Demokratie" ausgerufen, eine Formel, die uns heute verfolgt wie ein verkaufsfördernder Ohrwurm den Kunden im „Kaufhaus des Westens".

Aus der historisch zu kurz greifenden Sicht des Kalten Krieges schien allerdings das marxistische Gegensystem und somit die historische Alternative zum Kapitalismus gescheitert. Und aus der Sicht einer rapide abschmelzenden Linken, die nicht anders als in der immanenten Weise des exoterischen Marx denken konnte, musste man dieser Einschätzung kleinlaut zustimmen. Die großen Fluchtbewegungen in einen kapitalismuskonformen „Realismus" mit entsprechenden bizarren Karrieren einerseits, die klägliche und verbohrte marxistische Nostalgie einer verlorenen Minderheit andererseits schienen das Schicksal der Marxschen Theorie endgültig zu besiegeln. Völlig außer Betracht blieb, dass es auch

noch eine ganz andere Interpretation der Entwicklungen und Er-
eignisse geben könnte, nämlich im Horizont jenes verdrängten
esoterischen Marx und seiner kategorischen Kritik.

Aus dieser ganz anderen Sicht, von der selbst die theoretische Öffentlichkeit nur widerwillig Notiz nimmt, ist nicht die historische
Alternative gescheitert, sondern ganz im Gegenteil die nachholende Modernisierung der Peripherie. Konnte die Aufholjagd aus
der Perspektive der kapitalistischen äußeren (nationalen) Ungleichzeitigkeit im 19. Jahrhundert noch relativ erfolgreich sein,
so ist sie im 20. Jahrhundert nach anfänglichen Erfolgen trotz un-
geheurer Anstrengungen zusammengebrochen. Die Gründe dafür
liegen im Entwicklungsstand des kapitalistischen Weltsystems
selbst: Unter den Bedingungen fortschreitender Integration
durch Welthandel und Finanzmärkte musste den historischen
Nachzüglern spätestens mit der dritten (mikroelektronischen) industriellen Revolution die Puste ausgehen. Denn sie waren nicht
mehr (oder nur um den Preis einer prekären äußeren Verschuldung) in der Lage, die Kapitalkraft für diese erneute technologische Aufrüstung des gesamten Produktionsapparats aufzubrin-
gen. Damit verloren sie die Konkurrenzfähigkeit auf dem Weltmarkt, und in einer Kettenreaktion ging die Schere zwischen Im-
port- und Exportpreisen (terms of trade) zu ihren Ungunsten auf,
sie konnten nicht mehr ausreichend Devisen verdienen und mussten schließlich als selbstständige Nationalökonomien bedin-
gungslos kapitulieren.

Inzwischen dämmert selbst den marktwirtschaftlich-demokratischen Hofsängern und den neoliberalen Hardlinern, dass die von
reihenweisen nationalökonomischen Zusammenbrüchen ausge-
löste und fortschreitende Weltkrise keineswegs durch einen bloßen politisch-ideologischen und institutionellen Seitenwechsel

vom Staatsplan zur Marktkonkurrenz, von der relativen Abschottung zur Öffnung und von der gescheiterten Einparteien-Entwicklungsdiktatur zum demokratischen Parlamentarismus bewältigt werden kann. Diese Krise geht viel tiefer. Wie die keineswegs bewältigten Zusammenbrüche der südostasiatischen „Tigerländer" mit ihrer angeblichen Wunderwirtschaft gezeigt haben, sind nicht nur die dezidiert sozialistischen Ökonomien der Peripherie an historische Grenzen gestoßen. Es wird immer deutlicher: Der westliche Kapitalismus kann die mit ihren eigenständigen Aufholversuchen gescheiterten historischen Nachzügler nicht in ein unter seiner alleinigen Ägide vereinheitlichtes Weltsystem integrieren. Die innerkapitalistische Ungleichzeitigkeit wurde nicht *positiv*, sondern *negativ* aufgehoben. Unter dem Zwang global vereinheitlichter Produktivitäts- und Rentabilitätsstandards kann bereits jetzt der größere Teil der Menschheit nicht mehr in den kapitalistischen Gesellschaftsformen weiterexistieren. Mehr noch: Ganz unzweideutig manifestiert sich die Weltkrise auch in den kapitalistischen Kernländern selber, wenn auch bis jetzt gedämpft durch einen abgehobenen neuen Finanzkapitalismus, der selber schon als Krisenphänomen gedeutet werden kann.

Je klarer die Tatsachen diese Wahrheit hinausschreien, desto größer wird die Irritation. Soll man etwa die gerade begrabene Marxsche Kapitalismuskritik wieder ausbuddeln und die inzwischen abhanden gekommenen Begriffe des Klassenkampfs und einer alternativen politischen Ökonomie einfach revitalisieren und wiederholen, wo sie doch offensichtlich einem untergegangenen Zeitalter angehören? Die offizielle Wissenschaft und die bürgerliche Öffentlichkeit sträuben sich mit einigem Recht, eine abgehakte und gegenstandslos gewordene Debatte wiederzubeleben. Doch aber dann gibt es scheinbar keine Möglichkeit mehr, die evidenten Krisenerscheinungen auf den Begriff zu bringen und historische gesellschaftliche Alternativen zu entwickeln (daher auch die bis zur

Ignoranz sture Rede von der „alternativlosen Marktwirtschaft").
Weil nach 160 Jahren nur der exoterische Marx einer positiven
Modernisierungstheorie im gesellschaftlichen Bewusstsein prä-
sent ist, leidet die Gesellschaftstheorie unter einer galoppieren-
den Paralyse.

## Marxistische Totenbeschwörungen

Die wenigen Häuflein übriggebliebener Marxisten tun größten-
teils so gut wie nichts dafür, diesen Zustand zu ändern. Im Gegenteil, sie bekräftigen diese Paralyse noch und bestätigen sie, indem
immer wieder und wieder das untergegangene Paradigma des
exoterischen Marx klappernd und mit hilfloser Zwanghaftigkeit
abgespult wird.

Die Insignien und Parolen der nachholenden Entwicklungsrevolutionen sind bereits in der postmodernen Ramschkiste gelandet.
„Hammer und Sichel" tauchen neben religiösen und anderen Zeichen als von ihrem historisch gewordenen Inhalt abgelöstes Ac-
cessoire der Beliebigkeitskultur auf, Investmentfonds oder Auto-
verleiher werben für ihre „revolutionären" Geschäftsideen mit
verfremdeten Leninbildern. Aber der Restmarxismus rätselt un-
verdrossen über die für ihn weiterhin selbstverständliche qualita-
tive Differenz zwischen dem entrealisierten Realsozialismus und
der kapitalistischen Produktionsweise, obwohl doch die qualita-
tive Identität praktisch bewiesen wurde, indem dieser Sozialismus
nur deswegen an den kapitalistischen Kriterien scheitern konnte,
weil sie auch seine waren.

Gegenwärtig zeichnet sich eine neue Rückzugsfront der globalen
Linken ab, in der Begriffe des exoterischen Marx („Klassenkampf"
usw.) mit Elementen der keynesianischen volkswirtschaftlichen
Doktrin (partielle Staatseingriffe und sozialstaatliche Flankierung

des Kapitalismus etc.) verbunden werden sollen. Der französische Soziologe Pierre Bourdieu hat geradezu die „Verteidigung der keynesianischen Zivilisation" gegen den Vormarsch des Neoliberalismus ausgerufen. Angesichts des Gros von ex-linken „Realisten", die inzwischen von der Forderung nach Billiglohn-Sektoren bis hin zum NATO-Kriegseinsatz alles blindlings mitmachen, was der Kapitalismus verlangt, erscheint der von persönlicher Integrität getragene Aufruf Bourdieus zum intellektuellen und sozialen Widerstand als durchaus sympathisch. Aber diese linksoppositionelle Positionierung hat keine historische Eigenständigkeit, keine Substanz und keine gesellschaftliche Perspektive mehr.

Die Bourdieu-Initiative kann sich im Gegensatz zur dogmatischen Totenbeschwörung der weltfremd gewordenen letzten „Gläubigen" nur deshalb äußerlich als undogmatisch und neu darstellen, weil es sich um eine ideologische Legierung zweier alter und abgelebter, einst gegensätzlicher Gehalte handelt. Der Bezug auf den exoterischen Marx erscheint dabei nur noch als rituelle Erinnerung an den Klassenkampf und bleibt begleitende Rhetorik, während wir es inhaltlich mit kaum mehr als einer matten keynesianischen Nostalgie zu tun haben. So repetiert etwa die hoffnungslos blauäugige Forderung nach einer „politischen Kontrolle der transnationalen Finanzmärkte" das Muster des vergangenen Zeitalters, nämlich die Idee einer staatlich-politischen Regulation und Moderation der unaufgehobenen kapitalistischen Realkategorien in einer darüber längst hinweggegangenen Welt. Das „deficit spending" der keynesianischen staatlichen Moderation wurde von der Inflation der 70er und 80er Jahre verschlungen, die nationalstaatliche Kontrolle des Geldes durch die Globalisierung ausgehebelt. Dieses Muster hat daher keinen innerkapitalistischen Realitätsgehalt mehr. Es bleibt ideologische Reminiszenz, und nur deshalb ist die seltsame Mischehe von Marx und Keynesianismus möglich, über die sogar der Siebziger-Jahre-Marxismus gespottet hätte, der selber bloß noch ein historischer Nachklang war. Real ist der westliche Keynesianismus genauso gescheitert wie der östliche Staatskapitalismus der zweiten nachholenden Modernisierung.

Nur weil sich inzwischen das Koordinatensystem der Entwicklung und des gesellschaftlichen Bewusstseins verschoben hat, kann diese Position formal als fast schon wieder „linksradikal" erscheinen. Aber die in diesem Zeichen zum wiederholten Rückzugsgefecht sich sammelnde Linke tritt in Wahrheit gar nicht mehr in einem eigenen marxistischen Namen an, sondern klaubt nur die abgetragenen und abgelegten Klamotten der bürgerlichen Volkswirtschaftslehre von der Müllkippe auf. Dass wir es keinesfalls mit einer nochmaligen Wiederkehr des exoterischen Marx zu tun haben, ist auch daran abzulesen, dass sich die Perspektive Bourdieus nicht mehr auf die Zukunft eines fieberhaft debattierten neuen kapitalistischen Entwicklungsschubs bezieht, der wie einst im Mai vermeintlich „antikapitalistisch" zu besetzen wäre, sondern nur noch auf die entschwundene Vergangenheit des kapitalistischen Nachkriegsbooms, seiner sozialstaatlichen Regularien und seiner Expansion des öffentlichen Dienstes.


**Die kategoriale Krise und die Tabuzone der Moderne**

Warum sperrt sich das gesellschaftliche Bewusstsein quer durch das Spektrum der Ideen so sehr gegen den Gedanken, dass die neue Weltkrise des 21. Jahrhunderts womöglich eine *kategoriale Krise* des Kapitalismus sein könnte? Warum kommt der verdrängte und ins Philosophische oder in eine ferne, für jede praktische Kritik bedeutungslose Zukunft abgeschobene esoterische Marx so schwer zu seinem Recht? Dafür gibt es eine ganze Reihe von Gründen. Und alle haben sie etwas mit dem Tiefgang jener neuen Krise zu tun, die nicht mehr in den bislang gewohnten Handlungs- und Bewusstseinsformen zu bewältigen ist.

Weil der innere kapitalistische Entwicklungshorizont verschwunden ist, kann emanzipatorische Opposition nicht mehr in den Kategorien des modernen warenproduzierenden Systems formuliert werden. Das bedeutet aber auch, dass nicht mehr einfach ein leicht definierbarer äußerer Feind bekämpft werden kann (die „besitzende Klasse", die „reaktionären Kräfte", der „Imperialismus" der alteingesessenen Mächte usw.), sondern auch die eigene (kapitalistisch konstituierte) Subjekt- und Handlungsform zur Disposition steht. Das ist nicht nur schwer zu begreifen, sondern auch schwer zu ertragen.

Offenbar ist die historische Entwicklung in eine Tabuzone eingetreten. Nur an der Oberfläche war der Kapitalismus ein Prozess der Enttabuisierung. In dieser Gesellschaft ist am Ende ihrer Entwicklung (fast) alles erlaubt, vorausgesetzt allerdings, es kann ge- und verkauft werden. Die scheinbare universelle Beliebigkeit wird gleichzeitig aber begrenzt durch die völlig unbeliebigen, gewissermaßen dogmatischen, eindimensionalen und „alternativlosen" Formen von Wert, Ware, Geld und Konkurrenz, denen die betriebswirtschaftliche Form und Substanz der „Arbeit" zugrunde liegt. Diese Diktatur der gesellschaftlichen Form, die inzwischen sogar die Liebe, den Sport, die Religion, die Kunst usw. erfasst hat, duldet keine anderen Götter neben sich.

Da dieses Tabu aber nicht allein aus äußeren Geboten und Verboten besteht, sondern durch die moderne Bewusstseins- und Subjektform selber gesetzt, also tiefer verankert ist als alle früheren Tabuzusammenhänge, ist es auch umso schwerer zu durchbrechen. Wer etwa das System des Geldverdienens als solches in Frage stellt, kann damit rechnen, vom Alltagsverstand spontan als Fall für die Psychiatrie erklärt zu werden. Gerade auch den letzten übriggebliebenen Dinosauriern des exoterischen Marxismus, dessen Vertreter schon immer mit Angst und Abwehr auf die esoterischen Konsequenzen ihres Meisters reagiert hatten, erscheint ein solches Ansinnen als – „Esoterik", was aus ihrer Sicht allerdings bloß Irrationalität, Scharlatanerie usw. heißen soll. Die Idee, dass der Kapitalismus selber die Produktivkräfte über die Grenzen der „Geld verdienenden" Subjektivität des modernen Menschen hinausgetrieben haben könnte, kann nur auf völligen Unglauben stoßen.

Um der kategorischen Kritik des esoterischen Marx an der kapitalistischen Produktionsweise diskursiven Raum zu verschaffen, muss offenbar erst ein Vorfeld überwunden werden, eben jene Zone der Tabuisierung von Fragen, die man nicht stellt, und von Dingen, über die man nicht redet, sondern die man hat. Es geht also um die offene *Thematisierung* von bislang *stummen Voraussetzungen,* die nicht hinterfragbar waren. Das machte ja gerade die angebliche „Schwerverständlichkeit" und „philosophische Abgehobenheit" des esoterischen Marx aus, dass er als erster und einziger moderner Theoretiker das stumme Apriori des warenproduzierenden Systems „zur Sprache gebracht" hat. Die Volkswirtschaftslehre dagegen und mit ihr alle anderen ausdifferenzierten Gesellschaftswissenschaften (die heute endgültig zu bloßen Hilfswissenschaften, um nicht zu sagen theoretischen Hilfspolizisten der Volkswirtschaftslehre degradiert sind) haben die kapitalistischen Kategorien von Arbeit, Wert, Ware, Geld, Markt, Staat, Politik usw. nicht als *Gegenstand,* sondern als *blinde Voraussetzung* ihres „wissenschaftlichen" Räsonnements. Die Subjektform des Warentauschs, die Verwandlung von Arbeitskraft in Geld und von Geldkapital in Mehrwert (Profit), wird nicht nach ihrem „Was" und „Warum", sondern nur nach ihrem funktionalen „Wie" befragt, ähnlich wie die Naturwissenschaftler nur das „Wie" der sogenannten Naturgesetze untersuchen. Die erste

Hürde einer kategorischen Kritik des Kapitalismus besteht also darin, diese Kategorien aus dem Status stummer Selbstverständlichkeit herauszulösen, sie explizit und damit überhaupt erst kritisierbar zu machen.

## Der Fetischismus als stumme Dimension und der große Sprung der Geschichte

In abstrakter Form, als methodisches Problem, hat die Kultursoziologie die Fragestellung einer möglichen Kritik des blind Vorausgesetzten durchaus bereits entwickelt. Die Verwandlung einer „stummen Dimension" (M. Polanyi) des Impliziten in ein zur Sprache gebrachtes Explizites, die Thematisierung des bislang Unsagbaren als Kommunikationsproblem in Krisen- und Übergangszeiten ist zum Topos in kulturgeschichtlichen Untersuchungen geworden. Aber großenteils wird dieses Problem nicht mit kritischer, sondern mit affirmativer Intention thematisiert, so etwa in der systemtheoretischen Reflexion (N. Luhmann) als Konstitution eines „Hintergrunds von Selbstverständlichkeit" zwecks „Komplexitätsreduktion". Die apriorische Stummheit der kapitalistischen Kategorien erscheint dabei als eine Art Lebenserleichterung, deren fundamentale Krise gar nicht als Möglichkeit in Betracht gezogen wird.

Soweit das Problem aber als Thematisierungsschub in krisenhaften Übergängen angesprochen wird, geschieht das entweder mit Blick auf weit entfernte Epochen (etwa bei dem Philosophen Karl Jaspers für die sogenannte „Achsenzeit" des 5. Jahrhunderts v. Chr., als ein erster großer Schub der Trennung von irdischer und göttlicher Welt mit der Umwälzung der Gesellschaftsordnungen einherging) oder mit Blick auf implizite Selbstverständlichkeiten des Alltags, die durch Entwicklungen der gesellschaftlichen Meta-struktur zur Sprache gebracht und in Frage gestellt werden. Diese letzte Explikation von implizitem Hintergrund ist aber erst recht affirmativ gegenüber dem Kapitalismus, insofern sie sich weitge-hend mit dem deckt, was der Sozialphilosoph Jürgen Habermas als „Kolonialisierung der Lebenswelt" bezeichnet hat. Denn als erste und einzige blind-dynamische Gesellschaftsform ist es ja der Kapitalismus selbst, der permanent implizite Selbstverständlich-keiten des Alltags, der beruflichen Tätigkeit, des sozialen Zusam-menlebens, der Kultur usw. aus dieser Selbstverständlichkeit her-ausnimmt und in Frage stellt – aber eben ganz und gar nicht im Sinne einer sozialen Emanzipation, sondern im Gegenteil als To-talauslieferung der Menschen an blinde Marktprozesse. Wenn das Problem der Thematisierung dessen, was bislang nicht Gegen-stand der Kommunikation war, in emanzipatorischer Weise fruchtbar gemacht werden soll, dann ist das nur möglich, indem der kritische Thematisierungsblick auf die „impliziten Axiome" des Kapitalismus selber fällt – also mit dem esoterischen Marx auf die kategorialen gesellschaftlichen Formen, die für die Moderne immer nur den stummen Hintergrund gebildet haben.

Der zentrale Begriff des esoterischen Marx, der für diese kritische Thematisierung und damit für den emanzipatorischen Abschied von der Moderne steht, ist der „Fetischismus". Marx zeigt damit, dass die scheinbare Rationalität der kapitalistischen Moderne ge-wissermaßen nur die Binnenrationalität eines *objektivierten Wahnsystems* darstellt: eine Art von säkularisiertem Dämonen-glauben, der sich in den handgreiflich gewordenen Abstraktionen des warenproduzierenden Systems, seiner Krisen, Absurditäten und destruktiven Resultate für Mensch und Natur manifestiert. In der Verselbstständigung der sogenannten Ökonomie, der Feti-schisierung von Arbeit, Wert und Geld, tritt den Menschen ihre eigene Gesellschaftlichkeit als fremde und äußere Macht gegenüber.

Der Skandal besteht darin, dass diese unheimliche, geisterhafte und zerstörerische Verselbstständigung der toten, ökonomisierten Dinge zur axiomatischen Selbstverständlichkeit geronnen ist. Mit seinem Fetischbegriff, den er auch auf Staat, Politik und Demokratie ausdehnt, leistet der esoterische Marx, was jeder große Entdecker in den menschlichen Dingen leistet: Er macht das scheinbar Einfache, Alltägliche, die „schweigende Dimension" des Selbstverständlichen zum Fremden, Erklärungsbedürftigen und Falschen.

Indem der esoterische Marx so im Gegensatz zu seinem exoterischen, modernisierungs-immanenten Doppelgänger die Moderne aus ihrer königlichen Position in der Geschichte herausnimmt, rechtfertigt und idealisiert er nicht wie die bloß reaktionären, irrationalen Kritiker der Moderne die Verhältnisse der vormodernen Agrargesellschaften, sondern stellt umgekehrt die Moderne in den Kontext einer unaufgehobenen gesellschaftlichen Leidensgeschichte der Menschheit, in den Horizont eines nach wie vor gültigen „Noch nicht".

Wenn der klassische Marx im Sinne des materialistisch gewendeten Hegelschen Entwicklungs- und Fortschrittbegriffs die Geschichte als Ganzes in den Blick nimmt, tut er dies mit dem Begriff einer „Geschichte von Klassenkämpfen": Er projiziert also nur den innerkapitalistischen Entwicklungs- und Durchsetzungsprozess auf alle bisherige Geschichte. Erst der Fetischbegriff des esoterischen Marx macht es möglich, auf einer höheren theoretischen Abstraktionsebene eine tatsächliche, nicht bloß durch Rückprojektion der Moderne gewonnene Gemeinsamkeit aller bisherigen Gesellschaftsformen zu benennen: So unterschiedlich ihre Verhältnisse auch immer gewesen sein mögen, niemals hat es sich um selbst-bewusste Gesellschaften gehandelt, die frei über den Einsatz ihrer Möglichkeiten bestimmen konnten, sondern immer nur um Gesellschaften, die von fetischistischen Medien verschiedenster Art (Rituale, Personifikationen, religiös bestimmte Traditionen usw.) gesteuert wurden. Insofern müsste man von einer *„Geschichte von Fetischverhältnissen"* sprechen. Das moderne warenproduzierende System mit seiner irrational verselbstständigten Ökonomie stellt demnach nur die letzte, durch ihre eigene Dynamik vorangepeitschte Form des gesellschaftlichen Fetischismus dar.

Die Aufgabe, die sich damit stellt, macht erst die wahre Dimension der Weltkrise im 21. Jahrhundert deutlich. Es handelt sich, von Marx ausdrücklich mit dieser Kühnheit formuliert, nicht bloß um den Abschluss der kapitalistischen Geschichte, sondern um das Problem einer Überwindung der bisherigen Geschichte überhaupt, vergleichbar höchstens mit der sogenannten neolithischen Revolution oder jener Umwälzung der „Achsenzeit". Nicht bloß die Epoche des Kalten Krieges ist zu Ende gegangen, sondern die Weltgeschichte der Modernisierung überhaupt und nicht nur diese spezifisch moderne Geschichte, sondern die Weltgeschichte von Fetischverhältnissen überhaupt.

Die vermeintliche Komplexitätsreduktion durch die kapitalistische Gesellschaftsmaschine, schon immer mehr Ideologie als Wirklichkeit, schlägt endgültig in Destruktion um. Auch deswegen ist der Sprung so groß und mit Angst verbunden. Aber unerbittlich verlangen die zur Kenntlichkeit fortentwickelten Krisenverhältnisse: Wo gesellschaftliche Bewusstlosigkeit war (von der „invisible hand" des Ahnenkults bis zur „invisible hand" des kapitalistischen Weltmarkts) muss gesellschaftliche Bewusstheit werden. An die Stelle eines blinden Mediums muss ein bewusster, von selbstbestimmten (nicht a priori vorgegebenen) Institutionen organisierter gesellschaftlicher Entscheidungsprozess jenseits von Markt und Staat treten.

## Postmoderne Mogelpackungen als letztes Wort der Moderne

Statt die Postulate des esoterischen Marx angesichts der Weltkrise endlich ernst zu nehmen und zu einer kritischen Reflexion auf höherer Ebene jenseits des erschöpften Modernisierungs-Paradigmas zu gelangen, versucht sich die abgerüstete Gesellschaftswissenschaft an dieser Aufgabe vorbeizumogeln. Nicht nur wird keine neue Ebene der Reflexion angestrebt, sondern die frühere immanente Reflexionsform der kapitalistischen Durchsetzungsgeschichte soll über ihr Verfallsdatum hinaus noch einmal verlängert werden. Der Soziologe Ulrich Beck hat dafür die Formel der „reflexiven Modernisierung" erfunden. Aber diese inzwischen sehr beliebte und besinnungslos heruntergebetete Formel ist eine Leerformel und eine Mogelpackung, denn die hier postulierte Reflexivität bezieht sich gar nicht mehr auf eine noch umkämpfte weitere Ausformung des Kapitalismus, sondern nur noch auf eine pure Phänomenologie: Die in ihrem kategorialen kapitalistischen Zusammenhang sogar mehr denn je blind vorausgesetzte Gesellschaft soll sich „reflexiv" lediglich zu den einzelnen Erscheinungen und Folgen ihres irren und destruktiven Tuns verhalten.

Entsprechend kläglich sind die vorgeschlagenen Rezepte, von der „unentgeltlichen Bürgerarbeit" bis zur „bürgernahen Verwaltung" usw. Nicht eine neue Gesellschaftsform jenseits von Markt und Staat wird angestrebt, sondern die sogenannte „Zivilgesellschaft", die in Wahrheit durch die kapitalistische Kolonialisierung der Lebenswelt längst weitgehend aufgefressen wurde, soll als

Reparaturinstanz in den Poren und Nischen zwischen Markt und Staat die Krise bewältigen. Diese Perspektive ist ebenso hoffnungslos unrealistisch wie das Ansinnen, den untergehenden keynsianischen Sozialstaat wiederzubeleben. Im Grund genommen läuft sie bloß darauf hinaus, den Abbau der Sozialleistungen durch private Almosen und unkritische moralische Selbsttätigkeit kompensieren zu wollen.

Wie man es auch dreht und wendet: Es führt kein Weg an Marx vorbei, auch wenn das „Zurück zu Marx" sich jetzt nur noch auf die bislang verdrängte radikale, kategorische Kritik am Fetischismus der Moderne beziehen kann. Und es trifft diesen esoterischen Marx auch nicht, wenn man ihn etwa eines schlechten Utopismus verdächtigen würde. Es ist gerade umgekehrt der exoterische Modernisierungs-Marx, der die Utopisten gnädig in das Pantheon seiner Vorläufer aufgenommen hat. Utopie kann in der Modernisierungsgeschichte immer gelesen werden als der Appell an das (ideologische) kapitalistische Ideal gegenüber der schlechten kapitalistischen Wirklichkeit. Die Utopie ist die Kinderkrankheit des Kapitalismus, nicht des Kommunismus.

Deshalb ist auch der esoterische Marx gänzlich un- und antiutopisch. Ihm geht es weder um das Paradies auf Erden noch um die Konstruktion eines neuen Menschen, sondern um die Überwindung der kapitalistischen Zumutungen an den Menschen, um ein Ende der kapitalistisch erzeugten Gesellschaftskatastrophen. Nicht mehr und nicht weniger. Dass dies nur durch ein Hinausgehen über alle bisherige Geschichte als eine Geschichte von Fetischverhältnissen möglich ist, liegt nicht in der Hybris der Kritik, sondern an der Hybris des Kapitalismus selbst. Auch nach dem Kapitalismus wird es Krankheit und Tod, Liebeskummer und Arschlöcher geben. Aber eben keine paradoxe, durch abstrakte Reichtumsproduktion erzeugte Massenarmut mehr, kein verselbstständigtes System von Fetischverhältnissen und dogmatischen gesellschaftlichen Formen mehr. Das Ziel ist groß, gerade weil es an der utopistischen Überschwänglichkeit gemessen relativ bescheiden ist und nichts verspricht als die Befreiung von völlig unnötigen Leiden.

*Sie wissen es nicht, aber sie tun es*

## Die kapitalistische Produktionsweise als irrationaler Selbstzweck

Durchforstet man die marxistische wie die gegnerische Literatur des 19. und 20. Jahrhunderts. So findet man mit ermüdender Regelmäßigkeit immer dieselbe Reduktion: Wenn vom Kapitalismus positiv oder negativ die Rede ist, dann fast ausschließlich in soziologischen Kategorien von sozialen „Klassen" oder „Schichten", während die zugrundeliegenden gesellschaftlichen Formen gewissermaßen neutral bleiben (oder lediglich um ihre Umgruppierung und Neukonstellation gestritten wird, etwa im Verhältnis von Markt und Staat). Es geht also um die Beziehung von sozialen Klassen innerhalb der kapitalistischen Formhülle. Dass der Kapitalismus eine Klassengesellschaft sei, damit glaubten die Marxisten – unter Berufung immer nur auf den exoterischen Marx – bereits das Entscheidende gesagt zu haben. Und mit der Entgegnung, durch Sozialstaat und verbesserte Arbeitsbedingungen habe der Kapitalismus die Klassengesellschaft weitgehend überwunden, versuchten die Apologeten diese Feststellung zu relativieren.

In dieser Auseinandersetzung wurde gar nicht gefragt, oder jedenfalls nicht ernsthaft und mit dem Anspruch theoretischer Reflexion, wie denn diese sozialen Klassen eigentlich in die Welt gekommen sind, wodurch und auf welche Weise ihre *gesellschaftliche Konstitution* bewirkt worden ist und sich tagtäglich reproduziert. Der Grund für dieses Desinteresse ist einfach: In der soziologisch reduzierten Betrachtungsweise werden die gesellschaftlichen Verhältnisse letzten Endes auf reine Willensverhältnisse zurückgeführt. Der Kapitalismus existiert deswegen, weil seine tragenden Subjekte ihn „wollen". Der Kapitalismus ist also sozusagen identisch mit den sich selber als solche wollenden Kapitalisten (den Privateigentümern des Geldkapitals, aber auch den Managern) oder eben dem sozialen Kollektiv der Kapitalistenklasse. Dieser Wille der Kapitalisten-Subjekte ist es, der sich die Mehrheit der Gesellschaft als Lohnarbeiter unterworfen hat.

Als die zentrale Institution dieses kapitalistischen Willens erscheint demzufolge das Privateigentum an den Produktionsmitteln. Diese soziale Monopolisierung der produktiven Potenzen gebe den Kapitalisten die alleinige Verfügungsgewalt über deren Einsatz, so die Standardformulierung. Die Form der Unterordnung oder, wie Marx es nennt, der „Herrschaft des Menschen über den Menschen", scheint so im Herrschaftsverhältnis qua Privateigentum, in der sozialen Herrschaftsbeziehung zwischen Kapitalisten und Lohnarbeitern aufzugehen. Soweit es sich dabei um ein gesellschaftliches Verhältnis handelt, kann dieses dann nur ein Klassenverhältnis sein. Der einzige Unterschied zu einer Gesellschaft mit persönlichen Abhängigkeitsverhältnissen von Herren und Knechten besteht dieser Lesart zufolge darin, dass die Abhängigkeit einen kollektiven Charakter angenommen hat, also das einzelne Lohnarbeiter-Individuum nicht mehr von einem persönlichen Herrn (wie im Feudalismus und in der Sklavenhaltergesellschaft), sondern von der Kapitalistenklasse als ganzer abhängt.

Indem auf diese Art der Begriff nicht nur der modernen, sondern überhaupt jeder Produktionsweise und Gesellschaftsformation auf Willensverhältnisse von sozialen Klassen reduziert wird, die in einer juristischen Form (Eigentum an gesellschaftlichen Produktionsmitteln) kodifiziert und institutionalisiert sind, scheint der negative, destruktive Charakter des Kapitalismus gewissermaßen im Charakter des Kapitalisten-Subjekts als herrschender Klasse zu bestehen. Der Begriff des *Kapitals* selber kann dann plötzlich auch in marxistischer Diktion ebenso wie in der bürgerlichen Volkswirtschaftslehre ganz schlicht und unschuldig mit dem Begriff der sachlichen Produktionsmittel (Maschinen, Gebäude usw.) zusammenfallen. Kapital als solches ist dann kein gesellschaftliches Verhältnis mehr, sondern wird zu einem Gegenstand verdinglicht, während die vom Kapital gesetzte soziale Beziehung ganz äußerlich soziologisch als Klassengegensatz figuriert.

Indem dabei die herrschende Klasse der Kapitaleigentümer die abhängige Klasse der Lohnarbeiter für ihre privaten Zwecke einsetzt und „anwendet", verfolgt sie, so die weitere Konsequenz dieser Betrachtungsweise, ein besonderes eigenes Interesse, eben ihr subjektives Klasseninteresse. Dem steht das andere, gegensätzliche Klasseninteresse der Lohnarbeiter gegenüber. Und das Resultat dieses Interessengegensatzes ist natürlich ein Interessenkampf, nämlich der gute alte Klassenkampf. Implizit (und oft auch explizit) legt diese Quintessenz des Arbeiterbewegungsmarxismus als äußerste Konsequenz der Kapitalismuskritik nahe, die Kapitalisten-Subjekte irgendwie aus dem Verkehr zu ziehen, sie womöglich einzusperren oder sie gar – so die aus der *bürgerlichen* Französischen Revolution übernommene Vorstellung und Praxis – einen Kopf kürzer zu machen, ihnen aber auf jeden Fall so oder so ihr Spielzeug wegzunehmen, also sie zu enteignen, damit alsdann die glorreiche Arbeiterklasse das sachliche Kapital in eigener Regie und für ihre eigenen Interessen betreiben könne.

Und das ist ja auch nur logisch: Wenn der Kapitalismus zusammenfällt mit der juristischen Verfügungsgewalt einer herrschenden Klasse, dann hört er mit dem formalen Akt des Eigentumswechsels von Klasse zu Klasse auf zu bestehen. Ein fast rührend naives und geradezu komisches Zeugnis dieses marxistischen Denkens sind zum Beispiel die feierlichen „Enteignungsurkunden", mit denen bei der Gründung der DDR der Übergang der Betriebe in die Hand des Volkes proklamiert wurde, sie also von da an „volkseigene" Betriebe (VEB) sein sollten.

Hier haben wir es in ziemlich durchsichtiger Weise mit dem Begriffsfeld jenes Marxismus zu tun, den die historische Arbeiterbewegung für ihren Klassenkampf, der in Wahrheit eigentlich bloß um die Anerkennung *im* Kapitalismus geführt wurde, als Legitimierungsideologie benutzte. Und es lässt sich nicht leugnen, dass sich diese Lesart immer wieder auch bei Marx selber findet. Gerade im Kontext dieses Begriffsfeldes erweist er sich eben als der exoterische Marx, als bloßer Modernisierungstheoretiker. Es sind vor allem zwei Probleme, an denen sich dieser verkürzte Kapitalismusbegriff des gängigen Marxismus bricht und innerhalb der Marxschen Theorie der Übergang von der exoterischen zur esoterischen Argumentation und Kritik stattfindet.

Zum einen verträgt sich die Reduktion des Kapitalismusbegriffs auf die Willensverhältnisse von sozialen Klassen äußerst schlecht mit jener (von Hegel entlehnten) „ehernen" Objektivität des geschichtlichen Prozesses mit seiner Abfolge von notwendigen Entwicklungsstufen und Gesellschaftsformationen. Offenbar ist es doch nicht bloß der klassenmäßige und interessengeleitete subjektive Wille, der den Kapitalismus konstituiert, sondern dieser soziale Wille ist eingebettet in etwas Anderes – in eine ihn übersteigende Objektivität.

Das wird deutlicher, wenn bei Marx wie im Marxismus ständig mit der größten Selbstverständlichkeit von den „Gesetzmäßigkeiten" der kapitalistischen Produktionsweise, ja geradezu von ihren „Naturgesetzen" die Rede ist. Positivistisch gelesen ergibt sich auch hier wieder ähnlich wie beim verdinglichten Begriff des Kapitals eine Nähe zum Denken der bürgerlichen Volkswirtschaftslehre, für die ja bekanntlich die Gesetzmäßigkeiten des Kapitalismus identisch mit den angeblichen Naturgesetzen von gesellschaftlicher Reproduktion überhaupt sind. Aber selbst wenn man diese „ökonomischen Naturgesetze" als bloß historische, auf die spezifisch kapitalistische Produktionsweise beschränkte erkennt, besteht immer noch das Problem, dass der objektivierte, „naturgesetzliche" Charakter kapitalistischer Produktionsstrukturen, Bewegungs- und Entwicklungsformen in krassem Widerspruch steht zur Reduktion ihres Begriffs auf soziologische Klassen- und juristische Willensverhältnisse. Der Marxismus hat schlicht darauf verzichtet, diesen Widerspruch zu vermitteln und aufzulösen, er hat ihn nicht einmal erkannt.

So musste die marxistische Theoriebildung stets auseinanderfallen in eine „objektivistische" und „ökonomistische" (quasi naturwissenschaftliche) Gesellschaftstheorie einerseits und eine „subjektivistische" (politisch-juristische) Handlungstheorie andererseits. Diese Schizophrenie reproduziert die Gespaltenheit des modernen bürgerlichen Denkens überhaupt, das seit der Aufklärungsphilosophie in zahlreichen Variationen immer wieder auseinanderfällt in die Proklamation einer quasi automatischen, wie ein Uhrwerk nach Systemgesetzen ablaufenden menschlichen Gesellschaft einerseits (die „unsichtbare Hand" der Märkte und der kybernetischen Regulationsmechanismen, die den Menschen mit Insekten oder Funktionsteilen von Maschinen auf eine Stufe stellt) und die Proklamation des „freien Willens", der „Autonomie des Individuums", der „Selbstverantwortung" und der „politischen Freiheit" (Demokratie) andererseits.

Der Arbeiterbewegungsmarxismus hat dieses Dilemma des bürgerlichen Denkens nicht geknackt, sondern damit gelebt und es (im Falle der historischen Nachzügler der Modernisierung im 20. Jahrhundert) in seinen Sozialismus mit hinübergenommen: Auch dieser sollte nach objektivierten, naturhaften ökonomischen Gesetzen (nämlich der unaufgehobenen Warenproduktion) ablaufen, gleichzeitig aber den Staat gewordenen Klassenwillen des Proletariats und seiner Partei verkörpern.

Zum anderen kommt die marxistische Argumentation ins Schleudern, wenn sich die Frage nach dem Zweck der ganzen Veranstaltung stellt. Zwar ist das brave klassenkämpferische Denken mit der Antwort schnell bei der Hand: Der Zweck des Kapitalismus ist natürlich die Ausbeutung der Lohnarbeiter durch die Kapitalisten-Subjekte. Diese wollen den Kapitalismus deswegen so inbrünstig, weil sie etwas davon haben, nämlich den berühmten „Mehrwert", den sie dem malochenden Teil der Menschheit abpressen. Und selbstverständlich lässt sich wiederum der exoterische Marx über weite Strecken in genau diesem Sinne deuten, wenn er von „unbezahlter Arbeit" spricht, mit der die Lohnarbeiter über den Gegenwert ihrer eigenen Reproduktionskosten hinaus (den sie in Form des Geldlohns erhalten) jenen zusätzlichen Wert schaffen, den sich die Kapitaleigentümer zu ihrer eigenen Bereicherung aneignen.

Die Konsequenz scheint dann darin zu bestehen, dass sich die wackere Arbeiterklasse nach dem Hinauswurf der Ausbeuter den vorenthaltenen Mehrwert selber aneignet, ihren vollen Arbeitstag erhält und der unbezahlte Teil der Arbeit in einen bezahlten verwandelt wird. Natürlich musste auch der Marxismus zugeben, dass in jeder Gesellschaft Reinvestitionen für die Erneuerung der sachlichen Produktionsmittel zu tätigen sowie Rücklagen zu bilden sind. Diese notwendigen Abzüge vom individuellen Arbeitsertrag würden dann jedoch durch die Institutionen der Arbeiterklasse selbst (im Zweifelsfall natürlich ihrer Staat gewordenen Partei) zum gemeinsamen Nutz und Frommen verwendet.

Diese scheinbar so einfache und klare Antwort, die wie aus der Pistole geschossen kommt, hat jedoch ihre Tücken. Denn dabei entsteht der Anschein, als würden die den Mehrwert sich aneignenden Kapitaleigentümer diesen Profit als ihren eigenen persönlichen Reichtum weitgehend verjubeln. Das Kapitalverhältnis scheint also nur eine Variante des gewissermaßen zeitlosen Verhältnisses von Armut und Reichtum darzustellen. Die Marxschen Begriffe des Mehrwerts (in der Geldform) und des Mehrprodukts (in der stofflichen Güterform) werden dabei praktisch synonym verwendet. Insofern scheinen sich etwa die feudale und die kapitalistische Form der Aneignung nur durch die Art und Weise des Eigentums (Grundeigentum im einen, Privateigentum an den Produktionsmitteln im anderen Fall) zu unterscheiden.

Nun ist es aber so, dass die klassischen Feudalherren tatsächlich das stoffliche Mehrprodukt in Form von Naturalabgaben regelrecht verfressen haben. Selbst diese Prasserei war freilich immer mit verschiedenen Arten der Umverteilung verbunden, indem auf die eine oder andere Weise die Abhängigen, Hintersassen usw. mitzehren konnten. Sogar schon für den vorkapitalistischen Reichtum waren die Mägen der Herrschenden entschieden zu klein. In ihrer kapitalistischen Erscheinungsform entzieht sich die exorbitant gesteigerte Reichtumsproduktion vollends der subjektiv-sinnlichen Aneignung durch die Eigentümer der Produktionsmittel. Weder können die Unternehmer und Manager das gigantische Mehrprodukt, d.h. den über den Gegenwert des Arbeitslohns hinausgehenden Ausstoß ihrer Fabriken an Schuhwichse,

Handgranaten, Brathähnchen oder Taschenbüchern selber verknuspern, noch können sie den damit erzielten Gelderlös selbst bei noch so verbissener Anstrengung in Luxusgüter für sich selbst umsetzen, zu deren Genuss sie übrigens sowieso schon längst gar keine Zeit mehr haben. Vielmehr müssen sie bei Strafe des Untergangs in der Konkurrenz den allergrößten Teil des in Geld zurückverwandelten Mehrprodukts (also des Mehrwerts) wieder in den kapitalistischen Reproduktionsprozess auf erweiterter Stufenleiter reinvestieren.

Vom größten Teil der „unbezahlten Arbeit" hat also eigentlich niemand etwas, wenn man darunter den wirklichen Genuss des produzierten Reichtums versteht. Dementsprechend wenig genussverheißend sieht auch eine große Masse der Produkte aus. Es handelt sich um eine Erweiterung der Produktion um ihrer selbst willen – um einen irrationalen Selbstzweck. Genau das ist es, was der esoterische Marx den Fetischismus dieser Produktionsweise genannt hat, wie ja auch in den vormodernen Gesellschaften schon Fetische am Werk waren. Und Marx hat auch einen Namen für den speziellen Mechanismus der kapitalistischen Fetisch-Gottheit: er nennt ihn das „automatische Subjekt". Obwohl dieser Begriff schon gleich zu Anfang des „Kapital" auftaucht, stutzen die vielfach kapitalgeschulten Marxisten bei der Erwähnung dieses seltsamen „Unbegriffs" und empfinden ihn als ziemlich fremdartig. Denn in der Tat benennt Marx damit den eigentlichen Kern des paradoxen kapitalistischen Gesellschaftsverhältnisses, der auf keine Weise im Klassen- und Ausbeutungs-Verhältnis von Lohnarbeiter und Kapitalisten aufgeht.

Vielmehr sieht es plötzlich so aus, dass die Klassen und überhaupt sämtliche sozialen Kategorien im Kapitalismus gleichermaßen und gemeinsam bloße Funktionskategorien jenes ihnen übergeordneten automatischen Subjekts sind, das somit den eigentlichen Gegenstand der Kapitalismuskritik bilden müsste. Die Kapitaleigentümer und Manager sind, wie auf einer tieferen Stufe der kapitalistischen Funktionshierarchie auch die Lohnarbeiter, keineswegs die selbstherrlichen Subjekte der kapitalistischen Veranstaltung, sondern selber bloße Funktionäre der Kapitalakkumulation als Selbstzweck. Um die Paradoxie auf die Spitze zu treiben, ist das wirkliche Herrschaftssubjekt ein toter Gegenstand, das Geld, das in der Rückkopplung auf sich selbst zum geisterhaften Beweger der gesellschaftlichen Reproduktion wird.

Damit ist eine Absurdität sondergleichen gegeben: Die Menschen haben sich in bloße Anhängsel einer verselbstständigten Ökonomie verwandelt, deren Bewegungsgesetzen sie allesamt ausgeliefert sind wie die Lemminge ihrem „dunklen Trieb". Ihre eigene gesellschaftliche Tätigkeit tritt ihnen als fremde und äußere Macht eines blinden Systemzusammenhangs entgegen; ihre eigene Gesellschaftlichkeit ist in die toten Produkte und deren Geldgestalt geschlüpft, während sie selbst sich als ungesellschaftliche Wesen in der Form anonymer Konkurrenz bewegen. Und diese Konkurrenz ist wiederum die gemeinsame Beziehungsform aller kapitalistischen Klassen und Funktionskategorien: Nicht nur die Lohnarbeiter konkurrieren mit den Kapitaleigentümern, sondern auch Kapitaleigentümer und Lohnarbeiter untereinander. Und weil die Interessen aller als Produzenten im Widerstreit liegen mit ihren oft gegensätzlichen Interessen als Konsumenten, konkurriert sogar jeder Mensch in gewisser Weise mit sich selbst.

Diese komplett verrückte Herrschaft eines verdinglichten, automatischen Subjekts ist so schwer zu begreifen, weil „Geld" und „Markt" schon eine vorsintflutliche Existenz zu haben scheinen und der kapitalistische Alltagsverstand das ihm vorausgesetzte System immer nur von der Sphäre der Zirkulation, des Austauschs her begreift, also Markt- bzw. Verteilungsinteressen in den vorausgesetzten, unhinterfragbar scheinenden Kategorien entwickelt. Weiter konnte auch der Arbeiterbewegungsmarxismus nie denken. Aber in Wahrheit, so der esoterische Marx mit seinem Verweis auf das irrationale automatische Subjekt, waren Geld und Markt in allen vorkapitalistischen Gesellschaften bloße Rand- und Nischenerscheinungen, während sich der größte Teil der Reproduktion „naturwirtschaftlich" in anderen Formen vollzog. Eine flächendeckende Geldwirtschaft und Marktwirtschaft entsteht überhaupt erst durch die kapitalistische Rückkopplung des Geldes auf sich selbst. Dabei geht es nicht mehr um die Produktion von Waren als Endzweck, sondern die Warenproduktion dient nur noch als Mittel für den Verwertungsprozess des Geldes als Selbstzweck, für die endlose Aufhäufung von Geldkapital um seiner selbst willen.

Unter dieser Bedingung können sich nicht mehr unabhängige Produzenten auf einem Markt begegnen, sondern die Masse der Lohnarbeiter ist „Geld- und Marktsubjekt" nur durch ihre Selbstauslieferung an Arbeitsmärkte, während die Kapitaleigentümer als bloße Repräsentanten des automatischen Subjekts figurieren. Alle Beteiligten, so Marx, sind zu „Charaktermasken" ökonomischer Kategorien herabgesunken, und der Markt ist keine Sphäre des freien Austauschs mehr, sondern einzig und allein die Sphäre der Realisation des Mehrwerts, also nichts als eine Station im pulsierenden Lebensprozess, in der unaufhörlichen Metamorphose des automatischen Subjekts.

Mit salbungsvoller Stimme haben die kapitalistischen Apologeten immer wieder versucht, den paranoiden Charakter dieses Gesellschaftskonstrukts durch die Behauptung zu rechtfertigen, dass die damit verbundene, durch die anonyme Konkurrenz erzwungene Steigerung der Produktivkräfte auch automatisch zu einer

Steigerung der Wohlfahrt führe. Die praktische Erfahrung der überwältigenden Mehrzahl der Menschheit in der kapitalistischen Geschichte läuft auf das genaue Gegenteil hinaus. Weil die Produktion von Gütern nicht der Zweck, sondern bloßes Mittel für die Geldverwertung ist, kann auch die Wohlfahrt nicht Zweck, sondern bestenfalls vorübergehendes Abfallprodukt des Kapitals sein.

Während in den vormodernen, naturalwirtschaftlichen Agrargesellschaften Not und Armut in erster Linie durch das Ausgeliefertsein an die „erste Natur" und durch den niedrigen Stand der Produktivkräfte bedingt waren, erzeugt der Kapitalismus ein sekundäres, rein gesellschaftlich bedingtes Elend. Weil der Zweck der Produktion einzig in der abstrakten Gewinnmaximierung von Geldeinheiten besteht, wird zum ersten Mal in der Geschichte nicht für die Befriedigung von Bedürfnissen produziert. Wenn nicht mindestens die durchschnittliche Profitrate zu erzielen ist, werden daher intakte Produktionsmittel auch dann stillgelegt oder heruntergefahren, wenn nebenan Menschen darben. Und wenn es das Bewegungsgesetz des automatischen Subjekts will, fließt die exorbitant gesteigerte Produktivkraft eben in Autos, Autobahnkreuze oder Raketen, während massenhaft Menschen obdachlos sind und Kinder selbst in den reichen Ländern hungern.

Das systematische Auseinanderfallen von Produktionszweck und Bedürfnisbefriedigung, das diese groteske Fehlleitung der Ressourcen erzwingt, ist aber nicht durch einen bloßen Macht- und Formwechsel innerhalb der kapitalistischen Kategorien und nicht durch einen bloß juristischen Eigentumswechsel unter den sozialen Klassen oder Funktionssubjekten dieses Systems zu überwinden, sondern nur durch die Aufhebung des irrationalen automatischen Subjekts selbst und seiner zur zweiten Natur gewordenen Bewegungsgesetze. Nachdem sich der exoterische Marxismus der alten Arbeiterbewegung ebenso erschöpft hat wie die nachholende Modernisierung der kapitalistischen Peripherie, hat zu Beginn des 21. Jahrhunderts auch der soziologisch verkürzte Begriff des Kapitalismus ausgedient. Jetzt kann nur noch der ganz andere Kapitalbegriff des esoterischen Marx auf der Tagesordnung kritischer Theorie stehen, der die dingliche Herrschaft des automatischen Subjekts in den Blick nimmt – als theoretische Gestalt einer praktischen sozialen Bewegung, von der die gemeinsame Form der anonymen Konkurrenz nicht mehr ausgetragen, sondern kritisiert und überwunden wird.

**Die hierzu passenden Ausführungen des esoterischen Marx findest Du in seinen Schriften:**

- Die Naturgesetze der kapitalistischen Produktion und ihre Geschöpfe.
  In:
  Das Kapital. Kritik der politischen Ökonomie, Erster Band. Vorwort zur ersten Auflage, 1867
  Ökonomische Manuskripte, 1863-1867

- Die Elementarform des kapitalistischen Reichtums. In: Zur Kritik der politischen Ökonomie, Erstes Heft. Nach der ersten Ausgabe von 1859
- Abstrakte Arbeit – die gespenstische Gegenständlichkeit. In: Das Kapital. Kritik der politischen Ökonomie, Erster Band. Nach der vierten Auflage, 1890
  Zur Kritik der politischen Ökonomie, Rohentwurf, 1857-1858
- Der Wert von Diamanten kann unter den von Ziegelsteinen fallen. In: Das Kapital. Kritik der politischen Ökonomie, Erster Band. Nach der vierten Auflage, 1890
- Die theologischen Mucken eines Tisches und die gesellschaftlichen Hieroglyphen der Warenproduzenten. In: ebd
  Das Kapital. Kritik der politischen Ökonomie, Dritter Band. Nach der von Friedrich Engels herausgegebenen ersten Auflage, 1894

- Das Geldrätsel oder die Beziehungen von Rock und Leinwand. In: Das Kapital. Kritik der politischen Ökonomie, Erster Band. Nach der ersten Auflage oder „Urfassung", 1867
  Das Kapital. Kritik der politischen Ökonomie, Erster Band. Nach der vierten Auflage, 1890
- Das automatische Subjekt. In: ebd
- Die Arbeitskraft als Ware auf dem Markt. In: ebd
- Die Konsumtion der Arbeitskraft als lebendiger Gärungsstoff des Kapitals. In: ebd
- Die Leichen von Maschinen, die Seelenwanderung des Werts und die Naturgaben der Arbeitskraft. In: ebd
- Die Tautologie des relativen Reichtums: stoffliche Gestalt und flüssige Kraft des Kapitals. In: ebd
- Akkumuliert! Akkumuliert! Die Zwangsgesetze der Konkurrenz und die Fanatiker der Verwertung des Werts. In: ebd
  Das Kapital. Kritik der politischen Ökonomie, Dritter Band. Nach der ersten, von Friedrich Engels herausgegebenen Auflage, 1894
  Das Kapital. Kritik der politischen Ökonomie, Erster Band. Nach der vierten Auflage, 1890

## *Das fremde Wesen und die Organe des Hirns*

### Kritik und Krise der Arbeitsgesellschaft

Am wenigsten deutlich lässt sich der andere, der esoterische, der im kategorischen Sinne radikal kritische Marx wohl im Hinblick auf eine Kritik der Arbeit herauspräparieren. In diesem Punkt scheint Marx am meisten mit dem positivistischen Arbeiterbewegungsmarxismus kompatibel. Über weite Strecken kann seine Argumentation als Selbstverständlichkeit, als ewige Naturnotwendigkeit der Arbeit oder gar die Arbeit als überhistorisches Wesen des Menschen interpretiert werden. Marx kommt dabei der historischen Arbeiterbewegung entgegen, der die Arbeit als die menschliche Voraussetzung schlechthin erschien, die vom Kapital (der Kapitalistenklasse) bloß äußerlich und usurpatorisch überformt worden sei. Allerdings ist es kein Zufall, dass sich Marx nie zu einer derartigen Glorifizierung der Arbeit, der schwieligen Hände, des protestantischen Leistungsethos und des „Werteschaffens" durch Arbeit hinreißen ließ, wie sie in Gewerkschaften, sozialdemokratischen und kommunistischen Arbeiterparteien mit einschlägiger Ikonographie und Symbolik üblich wurde. Denn unter der Hand verwandelt sich die Arbeit in vielen Marxschen Texten in etwas an sich Negatives. Die Kritik der kapitalistischen Arbeit wird so formuliert, dass es unglaubwürdig wirkt, denselben Begriff der Arbeit dann ausgerechnet als überhistorisches positives Menschsein gegen den Kapitalismus ins Feld führen zu wollen.

Das Problem liegt im abstrakten Charakter des Arbeitsbegriffs. Arbeit an sich, Arbeit überhaupt, Arbeit als abstrakte Verausgabung menschlicher Energie: diese Begrifflichkeit hat nur Sinn als Tätigkeitsform des modernen kapitalistischen Systems von Warenproduktion für anonyme Märkte. Und es handelt sich hier, wie Marx selber bereits bei der Analyse der Ware gezeigt hat, keineswegs bloß um eine Abstraktion im gedanklichen, sprachlichen Sinne, sondern um eine gesellschaftliche „Realabstraktion": Das betriebswirtschaftliche Kalkül und die unter dem Bann dieser Logik der Geldverwertung produzierenden Menschen abstrahieren tatsächlich auch praktisch vom stofflich-sinnlichen Inhalt, vom menschlichen Sinn oder Unsinn, von den Folgen, die ihre rastlose Tätigkeit für die Gesellschaft und die natürlichen Lebensgrundlagen hat. Es geht nur um das selbstzweckhafte Immergleiche, dass sich menschliche Energie in Geld verwandelt und dass aus Geld mehr Geld wird. Die abstrakte, inhaltslose Gleichsetzung der verschiedensten (und eben auch destruktiven) realen Inhalte liegt in der Gleich-Gültigkeit des Geldes als Selbstzweck, der als Gleich-

Gültigkeit der abstrakten Arbeit im Produktionsprozess des Kapitals wieder erscheint. Symbolisch und unfreiwillig deutlich hat ein Unternehmensberater diese abstrahierende Gleichgültigkeit mit der paradoxen Devise benannt: „Um Erfolg zu haben, musst Du an etwas glauben, an was, das ist wurscht."

Indem Marx den abstrakt-gleichgültigen Charakter der kapitalistischen Produktion unter dem Begriff der „abstrakten Arbeit" negativ gefasst hat, fällt er eigentlich auch schon das Urteil über den positiven Arbeitsbegriff überhaupt, denn die Abstraktion „Arbeit" bedeutet letztlich nichts Anderes. Die Lohnarbeit der abhängig Beschäftigten fällt unter diesen Begriff der (abstrakten) Arbeit, der sich damit aber nicht erschöpft. Er umfasst auch die Tätigkeit der Kapitalisten und des Managements selber, erstreckt sich also auf alle Klassen und Gruppen der kapitalistischen Funktionshierarchie. Kapitaleigner im ursprünglichen Sinne ebenso wie bloße Manager oder „fungierende Kapitalisten" sind je nicht untätig, sondern verausgaben ebenfalls menschliche Energie, die ebenso wie diejenige der Lohnarbeiter direkt oder indirekt auf die Warenproduktion des Verwertungsprozesses bezogen ist und daher auch den Charakter abstrakter Arbeit annimmt. Ebenso wie die Form der Konkurrenz bildet die Form der abstrakten Arbeit ein übergreifendes, gemeinsames Bezugssystem der kapitalistisch bestimmten Menschheit, ungeachtet aller Unterschiede der funktionellen Stellung, des Salärs und des persönlichen Geldreichtums oder der persönlichen Geldarmut.

Marx hat diese Identität immer wieder benannt, wenn auch in ihrer sozial gegensätzlichen Form. Und selbst wobei ihm dieser Gegensatz noch ganz in der Diktion des Arbeiterbewegungsmarxismus als der von Arbeit und „Nichtarbeit" erscheint, kommt die innere Gemeinsamkeit in dieser Gegenüberstellung zum Ausdruck. Denn Marx will keineswegs die „Nichtarbeiter" wieder in das ewige Universum der Arbeit hereinholen, sondern das Kapitalisten und Lohnarbeitern gemeinsame Bezugssystem des „automatischen Subjekts" überwinden. Wenn die Form der abstrakten Arbeit ebenso wie die Form der Konkurrenz die sozial übergreifende Tätigkeitsform des Kapitalismus selbst ist, kann nicht mehr vom „Standpunkt der Arbeit" aus eine vermeintliche Opposition gegen das Kapital konstituiert werden. Dieser Standpunkt erweist sich als Illusion, weil Arbeit und Kapital nur zwei verschiedene Aggregatzustände desselben irrationalen Fetisch-Verhältnisses sind: einmal in flüssiger Gestalt (Arbeit) und einmal in geronnener Gestalt (Geld). Arbeit ist Kapital, nämlich seine Substanz.

Gerade an diesem Punkt wird der „doppelte Marx" besonders deutlich, denn hier erweist sich der Wert- und Fetischkritiker als völlig unvereinbar mit seinem Zwilling, dem Arbeiterbewegungs-Marx. Zusammen mit dem positiven, überhistorischen Arbeitsbegriff wird nämlich auch das Motiv des in der kapitalistischen Hülle geführten Klassenkampfs fragwürdig, denn jede Kritik muss sich dann, indem sie sich auf das gemeinsame, übergreifende Bezugssystem in seiner geronnenen Geldgestalt richtet, damit eben auch auf die Gemeinsamkeiten der abstrakten Arbeit beziehen. In den einschlägigen Passagen seiner Argumentation bezeichnet Marx die Repräsentanten des Kapitals nicht einfach nur als (gegnerische) „Charaktermasken" des Geldes, sondern er degradiert sie auch zu bloßen Funktionären oder „Offizieren und Unteroffizieren" des Kapitals, womit die Grenzen zur Lohnarbeit auch im soziologischen Sinne fließend werden.

Es mag sein, dass für die letzten Mohikaner des Arbeitsmarxismus die radikale Negation der Arbeit die unerträglichste aller Neuinterpretationen der Marxschen Theorie darstellt. Denn damit wird das identitäre Konstrukt des mit einem positiven, emphatischen Begriff der Arbeit verbundenen Marxismus in seinem innersten

Kern getroffen, hatte sich die Arbeiterbewegung doch, obwohl selbst >nur< „Charaktermaske des variablen Kapitals", inbrünstig mit dem lebendigen, flüssigen Aggregatzustand des Kapitals identifiziert, ohne dieser Lebenslüge jemals auf die Spur zu kommen. Deshalb mag die in irgendeiner Verfallsgestalt des Arbeits- oder Arbeiterbewegungsmarxismus befangen bleibende Linke beim Thema „Arbeit" vielleicht besonders laut aufschreien und es als philologisches Sakrileg anprangern, wenn der vertraute größere Teil der Marxschen Textmasse zu diesem Begriff rücksichtslos weggeschnitten wird, um jene negatorischen Passagen freizulegen, die auf einen ganz fremden Marx verweisen, sobald sie abgetrennt werden vom Kontext des Arbeiterbewegungs-Jahrhunderts und für sich stehen.

Aber es ist unsere Wirklichkeit in der Frühdämmerung des 21. Jahrhunderts, die das bislang verborgene Moment der Arbeitskritik bei Marx so brennend aktuell macht, während der „Arbeitsfreund" Marx nur noch von historischem Interesse ist. Denn alles, was Marx über den Charakter der abstrakten Arbeit als einer übergreifenden, gemeinsamen Form kapitalistischer Vergesellschaftung gesagt hat, ist über seine Formulierungen hinaus eingetroffen. Während in der Zweiten industriellen Revolution seit Henry Ford das Management jeden ständischen Charakter verlor und Fleisch vom Fleische der Arbeiterklasse wurde als Teil einer bloßen Funktionshierarchie, mutieren die flexibilisierten Lohnarbeiter heute im Zuge der Dritten industriellen Revolution zu Unternehmern ihrer Arbeitskraft. Die Manager der Weltkonzerne ebenso wie die Gründergeneration des Internet-Kapitalismus sind keine dickbäuchigen Nichtarbeiter mehr, sondern durchtrainierte und fanatisch arbeitssüchtige Funktionsroboter „ihres" Kapitals. Umgekehrt kalkulieren die Lohnarbeiter der Kernbelegschaften ebenso wie die zwangsflexibilisierten Opfer des „Outsourcing" und das breite Spektrum der Elendsunternehmer mit ihrem nackten Humankapital wie mit einem Fabrikinventar: „Ich" ist eine Betriebswirtschaft. Als Ende der 90er Jahre deutsche Stahlarbeiter mit der Parole „Wir sind das Kapital" durch das Frankfurter Bankenviertel zogen, ratifizierten sie damit das negative Ende des Klassenkampfs zwischen Arbeit und Kapital. Diese Ebene der Konkurrenz zwischen den verschiedenen Funktionskategorien des Kapitals tritt zurück hinter die Konkurrenz zwischen den Unternehmen und Staaten (Standort-Debatte) und zwischen den atomisierten Individuen (auch innerhalb der Lohnarbeit).

Mögen diese Individuen heute auch scheinbar völlig in ihren kapitalistischen Funktionen aufgehen, wie ein wildes Tier in seiner natürlichen Umwelt aufgeht, so können sie doch in Wahrheit nicht jene tiefe Entfremdung des Menschen von sich selbst verleugnen, wie sie Marx als Wesensmerkmal der abstrakten Arbeit analysiert hat. Diese Entfremdung geht eben nicht in der äußeren Geldarmut der vielen Erniedrigten und Beleidigten im Kapitalismus auf und selbst nicht in der physischen Verelendung. Das ökonomische Bewusstsein der postmodernen Generationen trägt gerade in den Spitzen der Entwicklung, etwa in den Software-Klitschen der „neuen Märkte", Züge einer funktionalistischen Selbstreduktion, wie man sie noch vor wenigen Jahrzehnten nicht für möglich gehalten hätte. Das Leiden an dieser paranoiden ökonomischen Selbstverbrennung und am Infantilismus der meisten ihrer Produkte steht den „Computersklaven" ins Gesicht geschrieben, auch wenn sie es nicht wahrhaben wollen.

Aber seinen eigentlichen theoretischen Triumph feiert der verborgene „andere" Marx mit seiner Prognose einer objektiven inneren Schranke der auf abstrakter Arbeit beruhenden gesellschaftlichen Form. Was nach dem Zweiten Weltkrieg als vage Ahnung einer kommenden „Krise der Arbeitsgesellschaft" (Hannah

Arendt) aufschien, ist nicht nur heute handgreifliche Wirklichkeit, sondern längst schon von Marx vorausgesehen und begrifflich analysiert worden. Diese vielleicht erstaunlichste Leistung der Marxschen Theorie ergibt sich aus der logischen Deduktion des inneren Selbstwiderspruchs, der die kapitalistische Produktionsweise kennzeichnet: nämlich einerseits die Verausgabung menschlicher Energie als Selbstzweck zu setzen und andererseits durch die Vermittlung der anonymen Konkurrenz auf wachsender Stufenleiter Arbeit im Produktionsprozess des Kapitals vermittels Anwendung der Wissenschaft überflüssig zu machen. Dieser Widerspruch ist die tiefste Grundlage der kapitalistischen Krisen und daher die Voraussetzung der Marxschen Krisentheorie. Und das ist auch der Kontext, in dem bei Marx explizit das ominöse Wort vom „Zusammenbruch" fällt: Die periodischen Strukturbrüche, in denen das nach „Arbeitssubstanz" gierende Kapital ungesättigt bleiben muss, weil es aufgrund seiner eigenen Bedingungen nicht mehr zur rentablen Konsumtion ausreichender Arbeitsmengen in der Lage ist, münden in eine ausweglose Situation.

Alle Indizien deuten darauf hin, dass diese von Marx deduzierte Situation mit der mikroelektronischen Revolution in Sichtweite rückt. Erstmals wird auf dieser Entwicklungsstufe der „Produktivkraft Wissenschaft" dauerhaft mehr Arbeit überflüssig gemacht, als durch die Verbilligung der Produkte und die damit verbundene Erweiterung der Warenmärkte rentabel reabsorbiert werden kann. Das geschieht, empirisch nachweisbar, bereits seit ca. 40 Jahren. Wir befinden uns sozusagen schon in der „Nachspielzeit" des Kapitalismus. Was wir erleben, sind die Erscheinungsformen seines Zerfallsprozesses.

Die Selbstunternehmer der Wissensgesellschaft mögen sich so hyperflexibel drehen und wenden, wie sie wollen – der kapitalistischen Ausweglosigkeit einer permanent schwindenden Arbeitssubstanz werden sie nicht entkommen. Bei Marx können sie nicht nur etwas über die Sinnlosigkeit und Gemeingefährlichkeit ihres arbeitswütigen Tuns und Treibens erfahren, sondern auch über dessen definitives Ende. Die realisierte Wissensgesellschaft kann keine kapitalistische mehr sein, weil sie nicht mehr auf der Quantifizierung abstrakter gesellschaftlicher Arbeitsmengen beruht. Die Grenze der Arbeitsgesellschaft ist identisch mit der Grenze des Kapitalismus. Die entfremdete Arbeit zerstört sich selbst.

**Hierzu findest Du den esoterischen Marx in folgenden seiner Schriften:**

- Die entfremdete Arbeit. In: Ökonomisch-philosophische Manuskripte, 1844;
  Die heilige Familie oder Kritik der kritischen Kritik. Zusammen mit Friedrich Engels, 1845;
  Theorien über den Mehrwert, geschrieben 1861-1863;
  Über Friedrich Lists Buch „Das nationale System der politischen Ökonomie", 1845

- Das Pech, produktiver Arbeiter zu sein. In: Das Elend der Philosophie, Antwort auf Proudhon „Philosophie des Elends", 1847;
  Das Kapital. Kritik der politischen Ökonomie, Erster Band. Nach der vierten Auflage, 1890

- Das Kapital als beseeltes Ungeheuer der Arbeit. In: Grundrisse der Kritik der politischen Ökonomie, Rohentwurf, 1857-1858

- Die Offiziere und Unteroffiziere des Kapitals. In: Das Kapital. Kritik der politischen Ökonomie, Erster Band. Nach der vierten Auflage, 1890;
  ebd. Nach der ersten Auflage, Hamburg 1894;
  Theorien über den Mehrwert, geschrieben 1861-1863

- Die Zerstörung der Erde durch Arbeit. In: ebd. Nach der vierten Auflage, 1890

- Die Macht der wissenschaftlichen Agentien und der Zusammenbruch des Tauschwerts. In: Grundrisse der Kritik der politischen Ökonomie, Rohentwurf. 1857-1858

*Die unwahre Erscheinung einer eingebildeten Souveränität:*

## Kritik der Nation, des Staates, des Rechts, der Politik und der Demokratie

Heute gilt der Marxismus und mit ihm die Marxsche Theorie selber im Wesentlichen als eine historisch gescheiterte Orientierung auf den Staat, das sozialstaatliche Netz monetärer Umverteilung, die staatliche Regulation ökonomischer Prozesse, letztlich auf den Staat als Generalunternehmer der Gesellschaft. Man erblickt darin nur noch das Unwesen einer bürokratischen Gängelung des unmündig gehaltenen Individuums und einer repressiven Menschenverwaltung, die Schrecken des Gulags und des Totalitarismus überhaupt: somit alles, was „Marktwirtschaft und Demokratie" grundsätzlich nicht sein dürfen und nicht sein können. Daran ist insofern etwas Wahres, als die Gesellschaften nachholender Modernisierung, die sich legitimationsideologisch auf Marx beriefen, in der Tat durch und durch staatsautoritär waren bzw. in ihren Überresten noch sind.

Und dieser bürokratische Staatsautoritarismus gehört durchaus nicht bloß zu den Verbiegungen, die der Marxismus unter den Bedingungen der historischen Nachzügler an der Peripherie des Weltmarkts erlebte, sondern er ist immer auch ein Merkmal der marxistischen Arbeiterbewegung, ihrer Parteien und Gewerkschaften, in den kapitalistisch entwickelten westlichen Ländern gewesen. Die europäische Sozialdemokratie ist durch alle ihre Metamorphosen hindurch bis heute eine zutiefst staatsautoritäre

Kraft geblieben. Vom ideologischen Zauber- und Trugbild des „Arbeiterstaats" bis zur repressiven Mitverwaltung der kapitalistischen Zumutungsgesellschaft, von den frühesten programmatischen Deklarationen bis zur Ausformung des keynesianischen bürokratischen Interventions- und Sozialstaats nach dem Zweiten Weltkrieg konnten der Marxismus und seine westlichen Nachfolger bis zum Ende des 20. Jahrhunderts eine durchgehende Staatsorientierung gegenüber der liberalen „Marktfreiheit" nie verleugnen.

Es wäre eine Verdrehung der Tatsachen, wollte man Marx selber von dieser Staatsorientierung einfach freisprechen. Es lassen sich mehr als genug Aussagen in seiner Theorie anführen, die eindeutig darin gipfeln, dass die sogenannte Arbeiterklasse „die Staatsmacht ergreifen" müsse, um sich von der (sozialökonomischen) Bedrückung durch die sogenannte Kapitalistenklasse zu befreien, dass der Sozialismus ein „Arbeitsstaat" mit „Arbeitspflicht" sein werde, dass es ihm um die wahre Herstellung der „Nation" und der „"Demokratie" zu tun sei, und dass der Weg zu alledem ein „politischer" sein müsse. Aber dabei handelt es sich eben wieder um den exoterischen, also um den systemimmanent auf das Jahrhundert der Arbeiterbewegung hin orientierten und argumentierenden Marx. Und wie dieser exoterische Marx grundsätzlich von einer doppelten historischen Ungleichzeitigkeit (des damaligen „unterständischen" Arbeiterstatus im allgemeinen und der spezifisch deutschen Verhältnisse im Besonderen) bestimmt ist, so auch im Hinblick auf die Kategorien von Politik, Staat, Nation und Demokratie.

Zum einen handelt es sich um die ihrerseits wieder doppelte staatliche Rückständigkeit Deutschlands im Vergleich zu England und Frankreich: Es war erstens in Kleinstaaten zersplittert und noch nicht zur kapitalistischen Nation erhoben, und es wurde zweitens noch immer von einem überlebten monarchisch-absolutistischen „Gottesgnadentum" regiert und war noch nicht zur kapitalistischen Republik fortgeschritten. Da Marx als dissidenter Abkömmling des modernen bürgerlichen Denkens von einem aufklärerisch-liberalen, deterministischen Fortschrittsbegriff erfüllt war, mussten seinem Verständnis nach zuerst einmal nicht nur in ökonomischer und kultureller, sondern auch in politischer Hinsicht die noch nicht erledigten „kapitalistischen Aufgaben" abgearbeitet werden, also die Herstellung von nationalstaatlicher Einheit und bürgerlicher Republik. Soweit Marx das deutsche Bürgertum, über dessen duckmäuserische Feigheit er Hohn und Spott ausgoss, als unfähig zur Ausführung dieser vermeintlichen historischen Agenda ansah, verstieg er sich dazu, der ominösen Arbeiterklasse diese Aufgaben als gewissermaßen im Vorbeigehen zu erledigende aufzuhalsen. Denn was nun einmal auf der Checkliste der Geschichte steht, muss auch ordnungsgemäß abgearbeitet und abgehakt werden. Diese, einem historischen Determinismus entspringende, paradoxe Denkfigur, die eigentlich zu überwindenden Kategorien der kapitalistischen Gesellschaft erst einmal selber zu installieren, damit sie dann später korrekt abgeschafft werden können, wurde nicht umsonst später von Lenin für die paradoxen Anstrengungen der nachholenden Modernisierung im 20. Jahrhundert politisch (und ausgehend von einem verkürzten „politizistischen" Verständnis) instrumentalisiert. Dass es sich dabei um eine Falle handeln könnte, die das kritische Bewusstsein an eben diese Kategorien kapitalistischer Vergesellschaftung fesseln würde, war Marx nicht bewusst – oder er wollte es nicht wahrhaben.

Zum andern war nicht nur in Deutschland, sondern auch in den weiter fortgeschrittenen westlichen Ländern des Kapitalismus das soeben erst entstandene und noch immer weiter im Entstehen begriffene Fabrikproletariat eine in vieler Hinsicht rechtlose

Masse, also kein voll im bürgerlichen Sinne rechts- und geschäftsfähiges Subjekt, und vom politischen Leben der bürgerlichen Republiken auch im formellen Sinne weitgehend ausgeschlossen. Das Wahlrecht war nicht nur den Frauen verwehrt, sondern auch den männlichen „Besitzlosen" oder schränkte deren Stimmrecht zumindest weitgehend ein (z.b. durch ein Zensus-Wahlrecht nach Steuerklassen). Unter diesen Umständen musste der Staat, auch der republikanische, als ein schierer Klassenstaat erscheinen, d.h. als eine exklusive Angelegenheit und ein Apparat der besitzenden Klassen. So machte sich unvermeidlich der ganz immanente Impuls geltend, im Rahmen des Daseins als Lohnarbeiter (und sogar zwecks Ausformung und Vollendung dieses Daseins) die volle bürgerliche Rechts- und Staatsbürgersubjektivität der Lohnarbeiter, im Prinzip vor allem der männlichen, anzustreben und herzustellen. Der Kampf der Arbeiterbewegung um Anerkennung im Kapitalismus nahm also notwendigerweise auch eine politische Form an. Die Fahne dieser Bestrebung war der emphatische Begriff der Demokratie, ihre Bewegungsform der Klassenkampf als „politischer Kampf". So entstand die Sozialdemokratie als politische Partei, ja geradezu als der Prototyp einer modernen politischen Partei im „eisernen Gehäuse" kapitalistischer Vergesellschaftung. Und Marx konnte gar nicht anders, als diesem Impuls Zugeständnisse zu machen, ihn in die Formulierung seiner Theorie gewissermaßen einzuschmelzen, obwohl gerade dieser politische Kampf nicht aus Kapitalismus und Lohnarbeit hinaus-, sondern im Gegenteil immer tiefer hineinführte und die Menschen auf die gesellschaftlichen Formen, auf die Kategorien und Kriterien des Kapitalismus umso unerbittlicher verpflichtete.

So wurde wie in allen anderen Fragen auch in der Frage von Staatlichkeit, Nation, Politik und Demokratie der radikal kritische Kern der Marxschen Theorie verdunkelt. Was geflissentlich wahrgenommen wurde, war die bloß klassensoziologische Formulierung der Staatstheorie, in der Marx vom Staat als dem „geschäftsführenden Ausschuss der Bourgeoisie" sprach. Diese Formulierung gehört dem vergangenen Jahrhundert der Arbeiterbewegung an, sie entspricht nicht dem Zustand einer zu Ende entwickelten bürgerlichen Demokratie. Umso bedeutsamer werden dafür die Gedanken jenes „anderen" Marx, der zusammen mit der „Arbeit" auch die Rechtsform und die Erscheinungen der demokratischen Staatlichkeit als solche radikal kritisiert. Schon zu Beginn seiner theoretischen Überlegungen stellte Marx die Frage nach dem Charakter einer voll durchgeführten Demokratie und allgemeinen Verrechtlichung – und deckte dabei die Widersprüche von Rechtsform und Staatlichkeit überhaupt auf, die sich nicht mehr im Sinne eines bloß äußeren Gegensatzes von sozialen Klassen bestimmen lassen.

Es mag dem gegenwärtigen Bewusstsein befremdlich vorkommen, dass diese Fragestellung ihren scheinbar weit hergeholten Aufhänger am Problem der Religionskritik hatte. Aber Marx ahnte nicht nur, dass die kapitalistische Gesellschaft eine Art säkularisierte Religion, eine irdische Realmetaphysik des Geldes darstellt (in diesem Sinne hatte sich schon sein Zeitgenosse Heinrich Heine geäußert), sondern er bezog sich auch auf die philosophisch-gesellschaftskritische Debatte in Deutschland vor 1848, die von den sogenannten „Linkshegelianern" dominiert wurde. Es ging dabei in philosophischer Hinsicht um die Kritik der Religion als einer „falschen", phantastischen Vorstellung des Menschen von sich selbst und seiner Gesellschaft, eine Vorstellung, die durch Überwindung des religiösen Bewusstseins aufgehoben werden sollte. In gesellschaftspolitischer Hinsicht konnte diesem Impuls die Forderung nach einem Ende der christlichen Staatsreligion entsprechen, also nach einer Trennung von Kirche und Staat, nach Religionsfreiheit etc.

Der geniale Zug von Marx in dieser Debatte bestand darin, dass er die Problemstellung umdrehte, auf die bestehende gesellschaftliche Ordnung zurückführte und damit den „religiösen Schleier" der ganzen Auseinandersetzung wegzog: An die Stelle einer Überwindung des religiösen Bewusstseins „innerhalb des Bewusstseins", um die Gesellschaft zu einer menschlichen zu machen, so Marx, müsse umgekehrt die Überwindung der bestehenden Gesellschaft treten, um das religiöse Bewusstsein los zu werden. Bei näherem Betrachten dieser Gesellschaft aber zeige sich, dass die politische Reform oder Emanzipation an dem unheilbaren Widerspruch leide, die wirklichen Probleme bloß zu „privatisieren", statt sie zu lösen. Wie mit der Religionsfreiheit und dem Ende der Staatsreligion das religiöse Bewusstsein nicht verschwinde, sondern nur in eine private, vor- und außerstaatliche Angelegenheit verwandelt werde, ebenso verhalte es sich mit den sozialen und ökonomischen Problemen. In dem Maße, wie vor allem das ökonomische Privateigentum in der reinen Demokratie nach Abschaffung des Zensus-Wahlrechts als solches keine politische Rolle mehr spiele, werde es sozial erst seine volle negative Entfaltung erreichen.

So kam Marx darauf, die Aufspaltung des Menschen und seiner Gesellschaft überhaupt in eine „ideale" staatliche Sphäre einerseits und eine „schmutzig"-sozialökonomische, private, bürgerliche Sphäre der abstrakten Arbeit, der Geldinteressen, der ökonomischen Konkurrenz usw. andererseits radikal in Frage zu stellen. Die „bürgerliche Gesellschaft" in diesem Sinne ist nicht die Gesellschaft, in der eine bestimmte Klasse, nämlich das Besitzbürgertum, herrscht (auch im Staat), sondern sie ist die der bloß abstrakten Staatlichkeit aller Individuen gegenüberstehende Sphäre der verselbstständigten ökonomischen Reproduktion ebenfalls aller Individuen. Ein solcher Zustand der reinen Demokratie, der jedes

Individuum qua Staatsbürgerlichkeit als „souveränes" setzt, während dasselbe Individuum aber gleichzeitig in sozialer („bürgerlicher") Hinsicht ein obdachloser Bettler sein kann, ein solcher Zustand, meint Marx, sei die Verhöhnung eines menschlichen Gemeinwesens.

Die Staatlichkeit überhaupt, deren höchste und reinste Form die Demokratie darstellt, ist demzufolge nur die andere Seite einer paradoxen Ungesellschaftlichkeit der wirklichen Individuen, die von der blinden Selbstbewegung des Geldes gesteuert werden. Indem sie allesamt dem kapitalistischen Verwertungsprozess unterworfen sind, können sie sich zueinander in ihrer sozialen Praxis nur als Rechtspersonen verhalten. Rechtspersonen aber sind nichts Anderes als „Repräsentanten von Waren", und indem sich die Menschen zueinander derart als bloße Repräsentanten von ihnen gegenüber verselbstständigten ökonomischen Kategorien verhalten müssen, können sie kein reales Gemeinwesen bilden. Denn die Individuen sind zwar als Staatsbürger in ihrem realen alltäglichen Leben Mitglieder eines Gemeinwesens, in ihrer materiellen Reproduktion aber bilden sie das genaue Gegenteil eines Gemeinwesens, obwohl die Produktionsmittel längst gesellschaftlichen Charakter angenommen haben.

Weit davon entfernt, Verrechtlichung, Staatlichkeit und Demokratie als die Lösung der sozialökonomischen Misere zu begreifen, sieht der andere, verborgene Marx darin nur die Kehrseite dieser Misere selbst. Und genau damit ist er heute erst hochaktuell geworden. Während der Liberalismus die äußerliche, bürokratische Gesellschaftsverwaltung des Staates immer nur kritisierte, um dagegen den Markt und dessen angebliche Freiheit zu favorisieren, versteht die radikale Staatskritik von Marx den Markt nur als die Kehrseite derselben Medaille: Der Staatsautoritarismus ist nur die komplementäre Entsprechung des Marktautoritarismus, der politische Totalitarismus nur eine Erscheinungsform des ökonomischen Totalitarismus. Auf beiden Seiten dieses Verhältnisses bleiben die Individuen unfrei, weil sie im einen Falle der Bürokratie, im anderen Falle den Mächten der anonymen Konkurrenz ausgeliefert sind. Markt und Staat, Politik und Ökonomie bilden nur die beiden Seiten eines paradoxen, irrationalen, schizophrenen Gesellschaftsverhältnisses, in dem die Individuen in einen „homo öconomicus" und einen „homo politicus", einen „bourgeois" und einen „"citoyen" zerfallen, also mit sich selbst in Widerspruch treten. Es handelt sich um die beiden Seiten ein und desselben schweren Mangels, die nicht gegeneinander auszuspielen, sondern nur beide gleichermaßen aufzuheben sind – in eben jene Vereinigung „konkreter gesellschaftlicher Individuen", die Marx dann bei seiner Kritik der abstrakten Arbeit im Auge hatte.

Der Klassenkampf als politischer Kampf, und nur als solcher konnte er die Konkurrenz unter den Lohnarbeitern partiell aufheben, vollendete also den Kapitalismus, statt ihn zu überwinden. Er vollendete ihn eben in der staatlich-politischen Sphäre, indem er die verschiedenen sozialen Funktionskategorien des Kapitals als abstrakt „freie" Staatsbürger gleichschaltete, so dass nun die gleiche, übergreifende Form von Konkurrenz, abstrakter Arbeit, Verrechtlichung und demokratischer Staatsbürgerlichkeit abgeschlossen war. Der Klassenkampf hat damit nicht den Kapitalismus, sondern sich selbst aufgehoben. Aber jetzt tritt der Mangel, die Irrationalität und Negativität dieses gemeinsamen gesellschaftlichen Formzusammenhangs umso krasser in Erscheinung.

Seit Ende des 20. Jahrhunderts glaubt niemand mehr wirklich an die Politik, die Politiker selbst eingeschlossen. Der gegen die erlahmende Funktionskraft der staatlich-politischen Sphäre abermals angerufene Markt mit seiner anonymen Konkurrenz aber kann kein menschliches Gemeinwesen stiften, nicht einmal ein abstraktes; deswegen bedurfte es ja überhaupt der Aussonderung jener abstrakten staatlichen Sphäre. So beginnt der in sich gespaltene, gesellschaftlich-ungesellschaftliche, unwirklich-ideale und schmutzig-alltägliche Formzusammenhang zusammen mit den darin eingeschlossenen Individuen zu verwildern. Die Realität der Konkurrenz löst die abstrakte Idealität der demokratischen Staatsbürgerlichkeit auf.

Eine Linke, die auf Politik und Demokratisierung fixiert ist, kann die Realität des vollendeten Kapitalismus nicht mehr kritisch erfassen: Statt beide Seiten der Gespaltenheit und damit auch ihre Kategorien aufzuheben, sollen die unaufgehobenen Kategorien der abgesonderten politischen Sphäre auf die ebenso unaufgehobenen Kategorien der bürgerlichen Marktgesellschaft übertragen werden in Gestalt einer Politisierung oder Demokratisierung der betriebswirtschaftlichen Warenökonomie. Diese Illusion hat sich blamiert und erledigt. Die Emanzipation des Menschen kann jetzt nur noch gegen die abstrakte Staatsbürgerlichkeit stattfinden, also jenseits der politischen und demokratischen Illusion ebenso wie jenseits von Arbeit und Konkurrenz.

Eines der Hindernisse dieser endlich über die sogenannte Moderne des warenproduzierenden Systems hinausgehenden Emanzipation ist die Befangenheit im Begriff der „Nation". Die Nation, keineswegs eine überhistorische Gegebenheit, sondern eine Erfindung des modernen Kapitalismus, stellt nichts Anderes dar als den Mantel oder die kulturell-symbolische, mythologisch vermittelte Kostümierung der staatlich-politischen Sphäre. Sie ist ebenso abstrakt und „unwahr" wie diese selbst, erscheint aber ihrer farbigen Einkleidung wegen als konkreter und greifbarer, als Gemeinschaft stiftend nicht gegen die Konkurrenz, sondern in der Konkurrenz durch Ausschließung des Fremden.

In dieser Hinsicht tritt der Gegensatz zwischen dem exoterischen und dem esoterischen Marx abermals krass in Erscheinung, und gerade in Bezug auf Deutschland. Im Sinne seiner deterministischen historischen Checkliste musste Marx auch die Nationalisierung Deutschlands befürworten und den nationalen Geist in der Arbeiterbewegung akzeptieren. Dass der dabei affirmierte sozialdemokratische Patriotismus direkt auf die Schlachtfelder des Ersten Weltkriegs führte, entlarvte schon frühzeitig die staatsbürgerliche Bestimmtheit der Arbeiterbewegung. Dagegen durchschaute der andere, der eigentlich radikale Marx den Charakter der Nation von Anfang an und polemisierte gegen die Nationalduselei sogar mit besonderer Schärfe.

Dabei stieß er schon sehr früh auf jene besondere „deutsche Ideologie", die im Zuge der nachholenden Modernisierung Deutschlands im 19. Jahrhundert die (vorerst noch virtuelle) deutsche Nation zu einer dem Kapitalismus gegenüber (!) vorrangigen Bluts- und Kulturgemeinschaft mythologisierte, in der angeblich nicht die verselbstständigte Logik des Geldes oder Tauschwerts, sondern das rein sachliche „gute" Kapital einer schieren technischen Produktivkraft jenseits der sozialen Gegensätze wirken sollte, ein Konstrukt, das sich immer mehr verdichtete und zum Essential der Nazi-Ideologie werden sollte. In seiner (erst in den 70er Jahren aufgefundenen und in den gängigen Werkausgaben nicht publizierten) Polemik gegen Friedrich List, den Begründer der deutschen „Nationalökonomie", nahm Marx mit beißender Schärfe alle Grundelemente dieser spezifisch deutschen „Durchsetzung des Kapitalismus mit antikapitalistischen Phrasen" aufs Korn und formulierte damit eine frühe Kritik der noch unentbundenen Ideologie eines „Nationalsozialismus", also eines Kapitalismus, der ausgerechnet qua Nationalität nicht-kapitalistisch sein will – vor allem, indem er die Konkurrenz nach außen beschwört, um nach innen eine ethno-rassistische nationale „Volksgemein-schaft" zu konstituieren.

Auch die Marxsche Polemik gegen die Nationalität im Allgemeinen und gegen die „deutsche Ideologie" im Besonderen gewinnt heute wieder brennende Aktualität. Erleben wir doch weltweit als Reaktion auf die Krise der Politik eine ethno-nationalistische Regression und in Deutschland eine Wiederkehr jener gespenstischen „deutschen Ideologie" in neuen Formen, nicht nur bei ostdeutschen Neonazi-Banden.

**Lies hierzu den esoterischen Marx in seinen Schriften:**

- Der Philister bläht sich zur „Nation" auf... In: Über Friedrich Lists Buch „Das nationale System der politischen Ökonomie", geschrieben 1845
- Der Mensch als Bourgeois, sein Doppelleben und seine politische Löwenhaut: der Staat als illusorische Gemeinschaftlichkeit. In: Die deutsche Ideologie. Zusammen mit Friedrich Engels, geschrieben 1846; Kritik des Hegelschen Staatsrechts, geschrieben 1843
- Die sogenannten Menschenrechte sind nichts anderes als die Rechte des bürgerlichen, egoistischen, vom Menschen und vom Gemeinwesen getrennten Menschen. In: Zur Judenfrage, 1844
- Der politische Verstand ist eben politischer Verstand, weil er innerhalb der Schranken der Politik denkt. In: Kritische Randglossen zu dem Artikel eines Preußen, 1844
- Der sogenannte Rechtsstaat: die Personen existieren hier nur füreinander als Repräsentanten von Ware. In: Das Kapital. Kritik der politischen Ökonomie, Erster Band. Nach der vierten Auflage, 1890; Kapital. Kritik der politischen Ökonomie, Dritter Band. Nach der von Friedrich Engels herausgegebenen ersten Auflage, 1894; Grundrisse der Kritik der politischen Ökonomie, geschrieben 1857-1858; Kritik des Hegelschen Staatsrechts, geschrieben 1843;

Die deutsche Ideologie. Zusammen mit Friedrich Engels, geschrieben 1846

- Verpestet vom Untertanenglauben an den Staat. In: Kritik des Gothaer Programms. Randglossen zum Programm der deutschen Arbeiterpartei, geschrieben 1875
- Die Bürokraten sind die Staatsjesuiten und Staatstheologen. In. Kritik des Hegelschen Staatsrechts, geschrieben 1843
- Der fürchterliche Parasitenkörper des Staatsapparates. In: Der achtzehnte Brumaire des Louis Bonaparte, 1869

*Aus allen Poren blut- und schmutztriefend:*

**Der hässliche Kapitalismus und seine Barbarei**

Keine Gesellschaftsordnung hat so zahlreiche, so große und so vernichtende Kriege im Zeitraum ihrer Geschichte hervorgebracht wie der Kapitalismus in seiner wunderbaren Moderne. Keine Gesellschaftsordnung hat größeres materielles Elend über so große Teile der Menschheit gebracht und keine hat gleichzeitig größere Reichtümer produziert. Ebenso wenig gab es jemals ein gesellschaftliches System, dass die Menschheit näher an die Vernichtung ihrer eigenen Naturgrundlagen im planetarischen Maßstab herangeführt hätte. Nie waren Menschen höher vergesellschaftet, in wechselseitiger Abhängigkeit, Funktionsteilung und globaler Vermittlung miteinander stehend, und nie waren die gesellschaftlichen Individuen gleichzeitig derart strukturell atomisiert und standen einander in einer derart wechselseitigen Gleichgültigkeit von abstrakten Interessenmonaden gegenüber.

Das sind keine Thesen und Behauptungen, die erst noch bewiesen werden müssten. Alle diese negativen, destruktiven und katastrophalen Erscheinungen liegen offen sichtbar da, sind von unabweisbarer historischer und struktureller Evidenz. Trotzdem streiten die gemütlichen demokratischen Apologeten des Kapitalismus selbst das tausendfach Bewiesene und Evidente ab wie hartgesottene Gewohnheitsverbrecher. Heute ist es in den globalen Zentren des „automatischen Subjekts" zum *common sense* von Politik, Wissenschaftsbetrieb, Wirtschaftsideologen und Feuilleton geworden, angesichts weltweiter Massenverarmung, ökonomisch ruinierter Länder, verseuchter Kontinente, absterbender Naturreservoire und verwildernder Konkurrenzverhältnisse mit bemerkenswerter Ignoranz permanent von „Zivilität" und „Zivilisation" zu säuseln.

Der Kapitalismus verleugnet seine eigene Geschichte, seine alltäglichen verheerenden „Risiken und Nebenwirkungen", seine Armuts- und Zerstörungspotentiale. Er projiziert sein eigenes negatives Wesen auf ein imaginäres „Außen" von Diktaturen, amoralischen Abgründen in der menschlichen Seele und subjektiver Böswilligkeit, Erscheinungen, die angeblich alle mit ihm nicht zu tun haben, in Wirklichkeit aber aus seinem Inneren stets von neuem hervorquellen. Wenn es Armut, Elend und Gewalt auf diesem Planeten gibt, dann ist daran nie zu viel Kapitalismus, sondern immer zu wenig Kapitalismus Schuld – so die infame Verdrehung der Tatsachen. Auch in den Disziplinen von öffentlicher Lüge, Frechheit und gleichzeitig Selbstbetrug ist die kapitalistische Ordnung historisch unschlagbar. Kapitalismus ist Weltrekord, Geschichtsrekord, Menschheitsrekord an Krisen, Zerstörungen und sozialem Krieg – eine wahre „Universalgeschichte der Niedertracht" (Borges).

Die „Zivilisation des Geldes" ist ein Widerspruch in sich, denn eine Herrschaft der toten Dinge in Gestalt des verdinglichten automatischen Subjekts kann keine menschliche, gesellschaftliche Zivilisation stiften. Das meiste, was an äußerer Moralität, abstrakten

Vorschriften und ständigen Mahnungen zu gegenseitigem Respekt, Menschenwürde, Hilfsbereitschaft usw. von den Institutionen und Mandarinen des Kapitals abgelassen wird, ist der Religiosität vormoderner Agrargesellschaften entlehnt, die im Kapitalismus – wie Marx messerscharf gezeigt hat – zur unverbindlichen Privatsache gemacht wurde. Gut soll der Mensch sein im Kapitalismus, aber nicht wegen, sondern trotz seiner strukturellen gesellschaftlichen Ordnung, die auf der schäbigsten Konkurrenz aller gegen alle beruht. Was der Kapitalismus an eigenen Idealen hervorgebracht hat, so etwa die Freiheit des Individuums und die Souveränität der menschlichen Vernunft, war immer nur eine Sammlung pompöser Formeln für die „freie" wechselseitige Zerfleischung in der unwürdigen ökonomischen Konkurrenz und die „Freiheit der Zahlungsfähigen" einerseits, die bedingungslose Selbstunterwerfung unter die dinglichen Pseudo-Naturgesetze des automatischen Subjekts andererseits – also das genaue Gegenteil von Freiheit, Vernunft und Souveränität.

Der kapitalistische Mensch ist von der Enge und von den Zwängen der agrarisch-religiösen blutsverwandtschaftlichen etc. Ordnungen nicht positiv, sondern negativ entbunden worden: als abstraktes und enthemmtes Subjekt eines permanenten, künstlich geschürten gesellschaftlichen Überlebenskampfes. Eine solche Hochvergesellschaftung, die auf der dumpfen Ungesellschaftlichkeit ihrer Mitglieder beruht, trägt notwendig die Potenz zur Barbarei in sich, mehr noch: Sie ist per se schon in ihren eigenen Strukturen die Barbarei: Die westlichen Imperien des Kapitals haben die Vorstellung der Barbarei und des Barbarischen aus der Antike entlehnt, um damit wie die arroganten Reiche der Vergangenheit alle nicht ihrem Wesen entsprechende Gesellschaftlichkeit zu denunzieren und sich davon abzustoßen. An Grausamkeit,

Entmenschung und gleichzeitig Infantilität übertrifft der Kapitalismus jedoch alle Steinzeit-Kulturen, sogenannten Naturvölker, Stämme, Groß- und Gottkönige der Geschichte bei weitem.

Und was hätte Marx zu dieser Tirade gesagt? Als exoterischer Marx hätte er sein Haupt verhüllt und jene Instanz angerufen, die bürgerliche Aufklärungsphilosophie und Liberalismus erfunden hatten: die „historische Notwendigkeit", wieder einmal. „Wir schlürfen den Nektar aus den Schädeln der Erschlagenen". Ein Fortschritt über Trümmer- und Leichenfelder, auch heute wieder bis zum Überdruss und moralischen Erbrechen die „unvermeidlichen sozialen Kosten der Modernisierung" genannt, die im Übrigen möglichst „die Anderen" zahlen sollen, wer immer sie sein mögen. Aber auch bei dieser grimmigen Feier der bürgerlichen Fortschrittsmythologie kommt dem exoterischen Modernisierungstheoretiker der andere, esoterische Marx in die Quere, der sich nicht von der vermeintlichen historischen Notwendigkeit blenden lässt und die Barbarei des hässlichen Kapitalismus ohne jede Beschönigung anprangert.

Nimmt man diese gewissermaßen nach rückwärts erweiterte Kritik der kapitalistischen Barbarei ernst, die bei Marx durch die historische Empörung ebenso wie durch die begriffliche Analyse des modernen Fetischismus hindurchschimmert, dann erscheint das warenproduzierende Selbstzweck-System des Kapitals nicht mehr als unvermeidliche, wenn auch negative und zerstörerische Durchgangsstufe und allein mögliche Form einer Höherentwicklung der Produktivkräfte im teleologischen historischen Prozess, sondern statt dessen als eine Fehlentwicklung oder ein schwerer Unfall, ein GAU der Geschichte. Die Überwindung des Kapitalismus wäre dann weniger die Krönung der Fortschrittsgeschichte und damit bloß die Übergipfelung der aufklärerischen, bürgerlichliberalen Geschichtsmythologie in ihren eigenen Kategorien (insofern also die Vollstreckung eines „objektiv" anstehenden nächsthöheren Stadiums nach abstrakten historischen Gesetzmäßigkeiten), sondern viel eher gewissermaßen das *Zehen der Notbremse*, eine Metapher, wie sie etwa der negativen Geschichtsphilosophie Walter Benjamins entspricht.

Eines allerdings ist bei diesem indirekten historischen Grundsatzurteil über den Kapitalismus auch beim esoterischen Marx ausgeschlossen, nämlich die romantische und im buchstäblichen Sinne reaktionäre Verklärung der vorkapitalistischen Agrargesellschaften mit ihren Strukturen persönlicher Abhängigkeit und ihren Formen eines religiös vermittelten gesellschaftlichen Fetischismus. Hier wirkt der exoterische Marx mit seinem liberalen Erbe sozusagen als Korrektiv, das den Absturz der Kapitalismuskritik in den romantischen und vor allem autoritären Irrationalismus verhindert. Nur so viel lässt sich sagen, dass eine – allerdings langsamere, dafür vielleicht behutsamere – Weiterentwicklung der Produktivkräfte, die es ja auch vor den Zeiten des Kapitalismus gegeben hat, nicht unbedingt der verrückten Selbstzweck-Logik des Kapitals bedurft hätte und dass aus den vielen sozialen Abwehrschlachten der frühen Neuzeit, welche die Menschen der dabei beteiligten sozialen Bewegungen ja keineswegs unverändert ließ, prinzipiell auch eine andere historische Weichenstellung hätte hervorgehen können. Der gewaltsam durchgesetzte Sieg jenes „Faktischen", mit dem wir es zu tun haben, ist kein Argument gegen die Möglichkeit einer niemals zum Zug gekommenen und niemals ins Faktische der Geschichte eingetretenen Alternative. Das Rad der Zeit kann und soll natürlich nicht zurückgedreht werden, aber vielleicht bedarf es der völligen historischen Delegitimation des Kapitalismus, der völligen Negation seiner angeblichen Fortschrittlichkeit in irgendwelcher Hinsicht, um überhaupt jemals mit ihm Schluss machen zu können.

Dass schon die Geburt des Kapitalismus alles andere als idyllisch, menschenfreundlich und friedlich war, zeigt Marx im berühmten Kapitel des „Kapital" über die sogenannte „ursprüngliche Akkumulation", die der kapitalistischen Produktionsweise seit dem 16. Jahrhundert voranging und deren Voraussetzungen schuf. Weit entfernt von der bis heute aufrecht erhaltenen offiziellen Geschichtsmythologie von der Entstehung des Kapitalismus durch Ausdehnung des friedlich-schiedlichen, „wohlfahrtssteigernden" Handels und Geldverkehrs zeichnet Marx ein krass gegensätzliches Bild: nämlich die gewaltsame, blutige und grausame Geschichte der Trennung der Menschen von ihren Produktionsmitteln, der buchstäblichen Vertreibung der bäuerlichen Bevölkerung von Haus und Hof, um sie in entwurzelte „Paupers" und schließlich in potentielle „freie" Lohnarbeiter zu verwandeln.

Die Gründungsgeschichte des Kapitals besteht aus seinen Gründungsverbrechen. Hier wurde der Gewaltkern der modernen Gesellschaft gelegt, der auch in den Demokratien des späten 20. und frühen 21. Jahrhunderts nicht verschwunden ist, sondern in der demokratischen, in letzter Instanz durch die Staatsgewalt gesicherten Menschenverwaltung fortlebt, deren Hauptinhalt darin besteht, die Menschen in jener Trennung von den längst gesellschaftlich gewordenen Produktionsmitteln festzuhalten, die den sachlichen Schein des Kapitals ausmacht. Und das in dieser Versachlichung gewissermaßen „geronnene" kapitalistische Urverbrechen wiederholt sich noch heute tagtäglich in den großen Weltregionen der kapitalistischen Peripherie, im „wilden Süden" und im „wilden Osten" des Weltkapitals. Diese direkte und schamlose unmittelbare Gewalt der fortwuchernden ursprünglichen Akkumulation bildet die erste Ebene der kapitalistischen Barbarei.

Die zweite Ebene ist bestimmt durch die strukturelle Barbarei des Kapitalismus beim „normalen" Gang seiner Dinge, auf dem Boden seiner bereits gefestigten und verinnerlichten Verhältnisse. Diese strukturelle Barbarei entsteht einerseits indirekt und ungewollt aus der blinden Verkettung der Märkte und der betriebswirtschaftlichen Rationalität, als Folge der Risiken und Nebenwirkungen im allseitigen und immerwährenden Konkurrenzkampf. Tag für Tag müssen massenhaft Menschen darben, bloß weil ihre Existenz für die Märkte uninteressant ist. Die Barbarei von Hunger und Elend trotz eines historisch beispiellosen Fonds von Produktionsmitteln, von technischen, medizinischen usw. Möglichkeiten ist gerade wegen ihrer „Subjektlosigkeit" umso grauenvoller. Andererseits hat diese strukturelle Barbarei durchaus auch eine subjektive Seite, nämlich sowohl die legalen Verbrechen (z.B. die Kinderarbeit, die im globalen Kapitalismus notorisch geblieben ist und heute selbst in die Zentren zurückkehrt) als auch die direkte Verschränkung von Kapitalismus und organisierter Kriminalität, die im Verlauf der kapitalistischen Geschichte ebenfalls eine steigende Tendenz aufweist und heute einen Kulminationspunkt zu erreichen scheint. Indem er die „Plusmacherei" zum Inbegriff menschlichen Strebens und die Konkurrenz aller gegen alle zum Normalzustand gemacht hat, kann der Kapitalismus gar nicht anders, als das Verbrechen in allen Schattierungen treibhausmäßig zu fördern.

Die dritte Ebene der kapitalistischen Barbarei bildet das, was seit dem 19. Jahrhundert als „Ausnahmezustand", "Belagerungszustand" oder „Notstand" bezeichnet wird. Da ein derartig paranoides Fetisch-System immer wieder Krisen und Katastrophen, soziale Eruptionen, gewaltsame innere und äußere Zusammenstöße usw. erzeugt, muss es seinen Gewaltkern periodisch nach außen kehren und manifest machen. Wenn es ans Eingemachte geht, wenn gar die kapitalistische Produktionsweise selbst wirklich oder auch nur vermeintlich zur Disposition steht, dann kennen die kapitalistischen Stützen der Gesellschaft, dann kennt die bürgerliche Ehrbarkeit kein Halten und kein Erbarmen mehr, dann verwandelt sie sich in eine reißende Bestie, die alle Sittlichkeit und selbst ihr eigenes Gesetz unter ihre Füße stampft. Pinochet ist der Liberalismus im Ausnahmezustand, also seine wahre Gestalt. Diese Geschichte der kapitalistischen Barbarei im Ausnahme- und Krisenzustand ist bis heute so oft durchexerziert worden, dass auch für die Zukunft nichts Anderes zu erwarten ist. Und es spendet wenig Trost, dass dabei regelmäßig auch die Stützen der Gesellschaft, die Funktionseliten des Kapitals selber von den Geistern verschlungen wurden, die sie gerufen hatten. Aber lieber lassen sich die „Fanatiker der Verwertung des Werts" von Dämonen massakrieren, als ihre soziale Verblendung in Frage zu stellen.

All dies wirft natürlich die Frage nach der Verantwortlichkeit auf. Im schlichten Weltbild des Arbeiterbewegungsmarxismus gab es noch die säuberliche Scheidung von „wir" und die „anderen", von apriorisch „Guten" und apriorisch „Bösen" in den Willensverhältnissen der sozialen Klassen. Wenn nun der gemeinsame Formzusammenhang von abstrakter Arbeit, Warenform, Staatsbürgerlichkeit usw. ins Blickfeld der Kritik rückt, wo bleibt da die Verantwortlichkeit? Kann man einen blinden Strukturzusammenhang, kann man das automatische Subjekt für irgendetwas verantwortlich machen, und sei es das größte Verbrechen? Und umgekehrt: Wenn die kapitalistische Barbarei letzten Endes in den stummen Zwängen der Konkurrenz usw. angelegt ist, sind dann nicht die barbarischen Taten der hässlichen Manager, der schmutzigen Politiker, der bürokratischen Krisenverwalter, der blutigen Schlächter des Ausnahmezustands irgendwie entschuldigt, weil immer bedingt und eigentlich durch die subjektlosen Strukturgesetze der „zweiten Natur" verursacht?

Eine solche Argumentation vergisst, dass der Begriff des automatischen Subjekts eine paradoxe Metapher für ein paradoxes gesellschaftliches Verhältnis ist. Das automatische Subjekt ist keine aparte Wesenheit, die für sich irgendwo dort draußen hockt, sondern es ist der gesellschaftliche Bann, unter dem die Menschen ihr eigenes Handeln dem Automatismus des kapitalistischen Geldes unterwerfen. Wer aber handelt, das sind immer die Individuen selbst. Konkurrenz, künstlich erzeugter Überlebenskampf, Krisen usw. treiben die Potenz der Barbarei hervor, aber praktisch vollstreckt werden muss diese Barbarei von den handelnden Menschen, also auch durch ihr Bewusstsein hindurch. Und deshalb sind die Individuen auch subjektiv verantwortlich für ihr Tun, der hässliche Manager und der schmutzige Politiker ebenso wie andererseits der rassistische Arbeitslose und die antisemitische alleinerziehende Mutter.

Das ungeheure Angst- und Drohpotential dieser Gesellschaft muss tagtäglich verarbeitet werden, und jeden Moment treffen die Individuen dabei Entscheidungen, die niemals völlig alternativlos sind – weder im alltäglichen kleinen noch im gesellschaftlich-historischen großen Maßstab. Niemand ist einfach nur eine willenlose Marionette, sondern alle müssen die haarsträubenden Widersprüche, die Ängste und Leiden dieses Banns selber ausagieren. Deshalb ist es kein Widersinn, die notwendige Gesellschaftskritik auf die Ebene der sozial übergreifenden Strukturen, auf die abstrakte Arbeit und das automatische Subjekt zu richten, gleichwohl aber die handelnden Individuen für ihr Tun verantwortlich zu machen, auch wenn ihre gesellschaftliche Charaktermaske ihnen den Zustand der Unzurechnungsfähigkeit nahelegt.

Marx hat alle Ebenen der kapitalistischen Barbarei zur Sprache gebracht. Und es macht die Lektüre so beunruhigend, dass es gerade der esoterische Marx ist, der die kategorische Kritik der kapitalistischen Gesellschaftsformen mit der Empörung über die barbarischen Taten verbindet und die Verantwortlichen mit seltener Schärfe anklagt. Denn dabei wird auf unheimliche Weise deutlich, dass das Kapital eben deswegen, weil es kein bloß subjektives Willensverhältnis ist, aus seinem irrationalen Fetischcharakter heraus den schlechthin bösen Willen gebiert – die Unverantwortlichkeit der Verantwortlichen und die Verantwortlichkeit der Unzurechnungsfähigen.

**Schau Dir hierzu den esoterischen Marx in folgenden seiner Schriften an:**

- Eingeschrieben in die Annalen der Menschheit mit Zügen von Blut und Feuer. In: Das Kapital. Kritik der politischen Ökonomie. Nach der vierten Auflage, 1890
- Das Haus des Schreckens und die Delikatesse der Fingerzartheit. In: ebd
- Ordnungsfanatische Bourgeois auf ihren Balkonen werden von besoffenen Soldatenhaufen zusammengeschossen. In: Der achtzehnte Brumaire des Louis Bonaparte, 1869

*Die wahre Schranke der kapitalistischen Produktion ist das Kapital selbst:*

## Mechanik und historische Tendenz der Krisen

Kaum etwas an Marx ist so aktuell und taufrisch wie seine Krisentheorie, und kaum etwas liegt den akademischen Wirtschafts- und Gesellschaftswissenschaften ebenso wie den übriggebliebenen Marxisten ferner, als diese Marxsche Krisentheorie aufzugreifen oder sogar zuzuspitzen. Das hat natürlich seine Gründe. In der akademischen Welt gilt Marx heute als der große Verlierer, und

man kann mit ihm nicht mehr graduieren und wissenschaftlich re-
üssieren wie noch in den 70er Jahren, als die damaligen neuen
sozialen Bewegungen eine Art kurzlebige und oberflächliche
Marx-Mode in den Wissenschaftsbetrieb hineingetragen hatten.
Umgekehrt ist Marx aber auch als Gegenstand der Kritik aus der
Mode gekommen. Im Vollgefühl des vermeintlich endgültigen
Sieges des Kapitalismus gilt die Marxsche Theorie im allgemeinen
und seine Krisentheorie im Besonderen als nicht mehr satisfakti-
onsfähig, obwohl sich die akademischen Apologeten und Cla-
queure des Kapitalismus damit selber überflüssig und arbeitslos
zu machen drohen; denn wo wäre jenseits von Marx noch ein
Gegner, an dem sie ihre Kräfte messen und ihre Existenzberechti-
gung unter Beweis stellen könnten?

Andererseits verzichten sie mit ihrer hochmütigen Siegerarroganz
unbewusst auf eine nicht unerhebliche Marktchance. Nichts
fände das vom marktwirtschaftlichen Weltkonsens zu Tode ge-
langweilte Publikum schärfer, als auf die Geisterbahn eines großen Krisenromans gesetzt zu werden, abermals in wohligem
Schauer geschreckt vom klapprigen Marx-Gespenst, um sich dann
natürlich im unvermeidlichen Happy-End dem glorreich aus der
Krise erstehenden Kapitalismus an die zum wer weiß wievielten
Male gestärkte Brust werfen zu dürfen.

Das Fähnlein der letzten aufrechten Arbeiterbewegungsmarxisten andererseits zeigt erst recht geringe Neigung, ausgerechnet
mit der reformulierten Marxschen Krisentheorie wieder die Of-
fensive zu gewinnen, denn entgegen anderslautenden Gerüchten
hat gerade die Krisentheorie nie eine endscheidende Rolle in der
Marx-Rezeption der alten Arbeiterbewegung gespielt. In der Tat
bildet die Krise aus der Perspektive des exoterischen Marx nur ein
Epiphänomen, einen äußeren Faktor im Klassenkampf, wenn sie
– wie es zuweilen in marxistischen Traktaten erschien – nicht gar

dessen bloße Funktion ist: Krise im strengen Sinn wäre dann letztlich durch die Aktion der Klasse bestimmt, nicht objektiv, sondern subjektiv durch die bloßen Willensverhältnisse. Krise würde dann nur bedeuten: Der Kapitalismus kann nicht mehr, wie er will, weil die Lohnarbeiter nicht mehr wollen, wie sie sollen.

Hier zeigt sich wieder generell die Beschränkung des Marxismus im modernen bürgerlichen Denken; je mehr die Kategorien des Kapitalismus in ihrer gesellschaftlichen Objektivierung zur „stummen Voraussetzung" erstarren, desto schriller muss die Beschwörung der gerade von dieser stummen Objektivität bestimmten und durchdrungenen Subjekte werden, als ob sie doch (und entgegen ihrer eigenen Verfasstheit) Herren des Handelns sein könnten, in welcher Form auch immer.

Da der Argumentationsstrang des exoterischen Marx in letzter Instanz nur der Legitimation eines Kampfes der Arbeiterbewegung um Anerkennung *im* Kapitalismus diente, ist es leicht einsichtig, dass dieser Marxismus im Grunde eine „starke" und objektive Krisentheorie überhaupt nicht brauchen konnte, ja sie im Gegenteil scheuen musste, intendiert doch der Begriff einer Objektivität der Krise das Obsoletwerden gerade der kategorialen gesellschaftlichen Formen, in denen man sich auf unabsehbare Zeit selber weiterzubewegen gedenkt, und damit auch das um- so schlimmere Obsoletwerden der eigenen Subjektform. So ist es weder ein Wunder noch als Verrat zu bezeichnen, dass die westliche Sozialdemokratie schon unter der Fahne ihrer marxistischen Legitimation zum „Arzt am Krankenbett des Kapitalismus" mutierte, also die Objektivität der Krise nicht nur ideologisch, sondern auch praktisch abzuwehren und zu bannen suchte.

Die Regimes nachholender Modernisierung an der kapitalistischen Peripherie hatten dagegen ein Interesse, die Krise des Kapitalismus zu betonen. Aber weil dieses Interesse lediglich der Legitimation der historischen Nachzügler diente, musste diese Betonung der Krise einen besonders subjektiven Zug annehmen (im Sinne einer strategischen Ausrichtung des Weltmarxismus auf die eigenen Erfordernisse), während die Objektivität des Krisenprozesses als innerer Mechanismus des Kapitals selbst ebenso abgewehrt und ausgeblendet wurde wie im westlichen Marxismus. Krise durfte so im Wesentlichen nur die legitimatorische, moralische, kulturelle usw., vor allem aber politische Krise des Kapitalismus sein, bewerkstelligt durch die Aktion und Allianz von westlicher Arbeiterbewegung und östlicher bzw. südlicher Entwicklungsregimes.

So leuchtet es ein, dass die eigentliche Marxsche Krisentheorie viel mehr dem esoterischen als dem exoterischen Marx angehört. Das wird besonders deutlich, wenn man begreift, dass die Grundlage und Voraussetzung der Marxschen Krisentheorie jene Argumentation ist, die das Verschwinden der Arbeit selber darstellt. Gerade in diesem Punkt aber stehen sich wie bereits gezeigt der esoterische und der exoterische Marx besonders schroff gegenüber. Während die „Arbeit" für den letzteren eine überhistorische, anthropologisch-ontologische Naturnotwendigkeit bildet, macht sie für den ersteren die spezifisch kapitalistische, abstraktifizierte Tätigkeitsform aus – und zugleich die „Substanz" des Kapitals.

Krise aber ist nichts anderes als der objektivierte *Substanzverlust* des Kapitals durch seinen eigenen inneren Mechanismus: die Arbeit läuft aus wie Sand aus einem Loch im Sack oder Wasser aus einem Leck im Tank: Das Kapital wird leer und schlaff, sein von Arbeit genährtes Leben kommt zum Stillstand. Wenn der eine Aggregatzustand des automatischen Subjekts versiegt, nämlich die Arbeit, muss auch der andere erlahmen, nämlich das Geld – es wird substanzlos und damit „ungültig" und selber obsolet. Das Verhältnis oder die allgemeine gesellschaftliche Verkehrsform der dreifachen Vermittlung durch abstrakte Arbeit, Geldeinkommen und Warenkonsum kommt zum Stillstand. Die ganze auf diesen Fetischbeziehungen beruhende, scheinbar selbstverständliche Lebensweise wird zerrüttet und praktisch unmöglich. Und es tritt die Absurdität an den Tag, dass alle Mittel und Fähigkeiten einer reichen Reproduktion im Übermaß vorhanden sind, die Menschen aber von der „unsichtbaren Hand" des Kapitals gelähmt werden und ihre eigenen Möglichkeiten nicht mehr ins Werk setzen können, weil sie dem irrationalen Selbstzweck des automatischen Subjekts nicht mehr entsprechen. Dieser unheimliche Stillstand aller Räder nicht durch den „starken Arm" der Arbeiterklasse, sondern gewissermaßen durch den Kolbenfresser der Kapitalmaschine selbst führt einen gesellschaftlichen Zustand herbei, der dem Fluch des Tantalus gleicht: Aller Reichtum der Welt ist greifbar, aber dieser Reichtum weicht unter dem Bann des kapitalistischen Fetischs vor den hungernden und dürstenden Menschen zurück.

Hatte Marx diesen logischen Endpunkt der Krise im Kontext seiner Kritik der Arbeit klar und unmissverständlich dargestellt, so entwickelt er in seiner eigentlichen Krisentheorie den selbstwidersprüchlichen inneren Mechanismus des Kapitals, indem er den zunächst bloß allgemein formulierten Widerspruch in seinem konkreten Wirken zeigt. Ausgehend von den Begriffen des sogenannten absoluten und relativen Mehrwerts baut er gewissermaßen Schritt für Schritt die Logik und Mechanik der kapitalistischen Krise auf: wie aus der Veränderung der organischen Zusammensetzung des Kapitals, bewirkt durch den Modus der Konkurrenz, der (relative) Fall der Profitrate und schließlich, zumindest als abstrakte Möglichkeit, der (absolute) Fall der Profitmasse hervorgeht und damit die kapitalistische Reproduktion und Akkumulation zum absoluten Stillstand kommen könnte.

Während Marx dieses absolute Endstadium, die absolute innere Schranke der kapitalistischen Produktionsweise, in seiner früheren Formulierung einer Kritik der Arbeit deutlich benennt, lässt er dieses Problem bei der späteren Analyse des Krisenmechanismus eher offen. Der periodische Charakter der Krisen konnte diese in der Tat als schwere Hypothek des Kapitalismus, aber doch gleichzeitig als bloß zeitweilige Unterbrechung der Akkumulation und somit als bloß relative innere Schranke des Kapitals erscheinen lassen. Weit über die Lebzeiten von Marx hinaus erwiesen sich die Krisen gewissermaßen als „Durchsetzungskrisen" des Kapitalismus auf seinem noch weitergehenden Entwicklungspfad. Und damit als zwar mehr oder minder verheerende Rezessionen, Strukturbrüche und gewaltsame ökonomische Eruptionen, aber noch nicht als absolute innere Schranke.

Dennoch lässt Marx auch bei seiner Darstellung des Krisenmechanismus keinen Zweifel daran, dass sich die Krise nicht linear, sondern progressiv entwickelt, eine ansteigende historische Tendenz aufweist. Es verhält sich also nicht etwa so, dass die Krise nur ein Modus ist, einen früheren Zustand wieder herzustellen, damit die Akkumulation von neuem auf demselben Niveau beginnen kann. Wie Kapitalismus überhaupt kein bloßer Zustand, keine bloße Struktur ist, sondern ein dynamischer historischer Prozess auf stets wachsender Stufenleiter, so mit logischer Notwendigkeit auch seine Krise. Wenn der letzte Grund der Krise darin besteht, dass die durch Konkurrenz erzwungene Entwicklung der Produktivkräfte Arbeit überflüssig macht und damit die Substanz des Kapitals wegätzt, ist auch klar, dass das beständig erhöhte Niveau der Produktivkräfte auch die Krise in immer größeren Dimensionen herbeiführt. Und dann ist auch denkbar, dass das Kapital eine absolute innere Schranke erreicht, ein Niveau der Entwicklung, auf dem nicht mehr genügend menschliche Arbeitskraft neu reabsorbiert werden kann, um den Selbstzweck der Kapitalakkumulation wieder in Schwung zu bringen. Das Kapital hat zwar den immanenten Trieb, möglichst alle Arbeitskraft der Welt für diesen Zweck zu verbrennen, aber es kann dies objektiv nur auf dem von ihm selbst gesetzten Niveau der Produktivität. In der Krise entspricht der Tantalusqual der Menschen, die ihre eigenen materiellen und technischen Ressourcen nicht mehr in Bewegung setzen können, die Tantalusqual des „automatischen Subjekts", das sich die massenhaft brachliegende menschliche Arbeitskraft nicht mehr einverleiben kann.

Wenn bei der Darstellung des inneren, objektiven Krisenmechanismus die Frage der absoluten Schranke des Kapitals zwar angedeutet wird, aber offenbleibt, so ist dies nicht zuletzt darauf zurückzuführen, dass sich der esoterische und der exoterische Marx wieder einmal ins Gehege kommen. Die Marxsche Aussage, dass „die wahre Schranke des Kapitals das Kapital selbst" sei, musste dem Arbeiterbewegungsmarxismus ebenso Anathema und Unbegriff sein wie das automatische Subjekt. Und zwar vor allem deswegen, weil damit die Arbeiterklasse als der vermeintlich objektiv-subjektive Hebel der Umwälzung in Frage gestellt wird. Konnte die alte Arbeiterbewegung zusammen mit dem exoterischen Marx noch jubeln: „Wir werden immer mehr", so hätte sie sich vom esoterischen Marx anhören müssen: „Ihr werdet immer weniger".

Marx hat diese Widersprüche selber nicht mehr entwirren können. Aber seine Entfaltung der Krisentheorie führt ebenso unmissverständlich wie seine Kritik des Kapitalismus als „Arbeitsgesellschaft" zu einem Denkmuster jenseits des immanenten Modernisierungs-Marxismus. Es ist ja nicht so, dass die strikte Objektivität der Krise so etwas wie einen objektiven Automatismus der sozialen Emanzipation beinhalten würde. Die Krise macht den Kapitalismus obsolet, aber sie führt keine andere Gesellschaftsordnung herbei. Das müssen die Menschen schon selber tun. Dem Marxismus schmeckte die radikale Krisentheorie des esoterischen Marx gerade deswegen nicht, weil er zusammen mit dem subjektiven Akteur Arbeiterklasse auf dem Boden der kapitalistischen Objektivität und damit der Formen eines warenproduzierenden Systems verharren wollte. Die ihrerseits objektive Krise dieser negativen, „falschen" Objektivität legt nicht etwa eine Haltung ruhiger Heilserwartung nahe (wie es aus der Sicht des Arbeitsmarxismus scheinen könnte), sondern im Gegenteil eine viel grundsätzlichere Kritik und negatorische Aktivität, die sich überdies nicht mehr auf die kapitalistische Tätigkeitsform Arbeit als womöglich noch einzuklagendes Menschenrecht berufen kann. Mit anderen Worten: Je mehr die Krise als absolute innere Schranke des Kapitals ins Blickfeld rückt, desto mehr wird die Kritik des Kapitalismus zu einer kategorialen Frage und hört gerade deswegen auf, eine bloße Klassenfrage zu sein, sondern wird zu einer Frage, die sich unausweichlich von jedem sozialen Standort aus stellt.

Insofern könnte, wenn man den Umkehrschluss wagt, das „Ende des Klassenkampfs" ganz im Gegensatz zu den landläufigen Auffassungen gerade nicht auf den Endsieg und die Verewigung des Kapitalismus, sondern auf die Kulmination seiner objektiven Krise verweisen. Vielleicht befinden wir uns mitten im Auge des Taifuns, und die marktwirtschaftlich-demokratischen Apologeten sind närrisch, wenn sie sich zur sozialen Ruhe beglückwünschen. Nach dem Ende der auf ihren alten, immanenten Paradigmen sitzengebliebenen Kapitalismuskritik wirkt die gegenwärtige Weltlage wie eine grausam ironische Illustration zu jener Marxschen Sentenz, dass die wahre Schranke des Kapitals das Kapital selbst sei. Der westliche Kapitalismus konnte die morschen Gesellschaften der gescheiterten nachholenden Modernisierung besiegen, aber er kann nicht seine eigene innere Logik besiegen. Er kann sich an alles anpassen, nur nicht an sich selbst. Die Paradoxie dieses Verhältnisses drückt sich auch darin aus, dass die Evidenz der Krisenerscheinungen im Weltmaßstab immer härter durchschlägt, je mehr die Kritik im Weltmaßstab verstummt. Welcher Hohn: Nachdem ein Jahrhundert der schrecklichsten immanenten Kämpfe endlich dazu geführt hat, dass die Menschheit nichts mehr lieber will, als sich schrankenlos vom Kapital ausbeuten zu lassen, ist dieser säkularisierte Gott in seiner Ausbeutungspotenz impotent geworden.

Es muss merkwürdig berühren, dass selbst die Erkenntnis oder auch nur Ahnung dieser Tatsache gegenwärtig den Glauben an das Kapital und an die Selbstverewigungsfähigkeit des Kapitalismus kaum zu beeinträchtigen scheint, allein deswegen, weil ihm jede äußere Gegnerschaft abhandengekommen ist.

Sicherlich bedarf es der genaueren Überprüfung, ob die Dritte industrielle Revolution der Mikroelektronik wirklich an die absolute innere Schranke des Kapitals geführt hat. Aber genau diese Überprüfung wird verweigert, vom akademischen Wissenschaftsbetrieb ebenso wie vom kläglichen Rest der politischen Linken. Weniger analysiert wird die Krise als verdrängt und verleugnet. Die Paradoxie setzt sich darin fort, dass die ökonomische Theorie umso rascher verfällt, je klarer die Krise der ökonomischen Kategorien hervortritt. Je mehr die Welt ökonomisiert wird, desto krisenhafter wird sie, und je krisenhafter sie wird, desto ökonomischer wird das Bewusstsein, aber in einer völlig untheoretischen und unkritischen Form. In den längst versunkenen Zeiten der Prosperität hatte die Kritik der politischen Ökonomie Konjunktur, in der heraufdämmernden Krise des 21. Jahrhunderts ist die Kritik der politischen Ökonomie erloschen. Linke wie Rechte, Liberale wie Konservative haben sich in den postmodernen Kulturalismus geflüchtet. Die Krise ist da, und alle reden vom Wetter.

Es wird also höchste Zeit, sich gegen den Strom eines oberflächlichen Kulturalismus, der schon in Hysterie überzugehen scheint, erneut einer theoretischen Kultur der Kritik der politischen Ökonomie zu bemächtigen. Es bedarf keiner prophetischen Gabe, um vorauszusehen, dass die Marxsche Krisentheorie im Zentrum einer unausweichlichen Reformulierung dieser Kritik stehen wird, ebenso wenig wie es prophetische Fähigkeiten für die Voraussage bedarf, dass die Realität der kapitalistischen Krise das soeben begonnene Jahrhundert begleiten und prägen wird.

**Lese hierzu den esoterischen Marx in seinen hier genannten Schriften:**
- Wie das Gesetz der Schwere, wenn einem das Haus über dem Kopf zusammenpurzelt. In: Das Kapital. Kritik der politischen Ökonomie, Erster Band. Nach der vierten Auflage, 1890
- Die Maschine erhöht die Zahl ihrer Kolbenschläge: absoluter und relativer Mehrwert. In: ebd
- Das Verhältnis der Produktionsmittel zu der ihnen einverleibten Arbeitskraft: die veränderte organische Zusammensetzung des Kapitals. In: ebd
- Das unsichtbare Wesentliche und die Oberfläche der Erscheinungen: Mehrwertrate und Profitrate. In: Das Kapital. Kritik der politischen Ökonomie, Dritter Band. Nach der von Friedrich Engels herausgegebenen ersten Auflage, 1894
- Das Gesamtkapital saugt relativ immer weniger Mehrarbeit auf: der tendenzielle Fall der Profitrate. In: ebd
- Das Mittel gerät in Konflikt mit dem beschränkten Zweck: der Markt muss beständig ausgedehnt werden, seine Bedingungen werden immer unkontrollierbarer. In: ebd

- Das lebende Feuer der Produktion erlischt, sie kommt zum Stillstand. In: ebd
- Die Moderne gleicht dem Hexenmeister, der die unterirdischen Gewalten nicht mehr zu beherrschen vermag, die er heraufbeschwor. In: ebd
  Manifest der Kommunistischen Partei, 1848

## *Jagd über die ganze Erdkugel, die Konkurrenz rast:*

## Globalisierung und Fusionitis des Kapitals

Sogar den beflissenen Befürwortern der Globalisierung, wie sie seit dem Ende des 20. Jahrhunderts die öffentliche Debatte beherrscht, ist mit einer gewissen widerwilligen Bewunderung aufgefallen, dass kein anderer als Karl Marx diesen Prozess bereits vor 160 Jahren beschrieben hat, teilweise mit Formulierungen, die ganz unerkannt in der Wochenendbeilage einer großen Tageszeitung des Jahres 2000 standen und als aktueller Beitrag durchgehen konnten. Nicht gerade messerscharf haben sowohl die notorischen Apologeten jedweder kapitalistischen Entwicklung als auch die Reste der (in gewisser Weise geradezu konservativ gewordenen, weil inzwischen auf die kapitalistische Vergangenheit fixierten) marxistischen Linken daraus geschlossen, dass die Globalisierung und alle damit zusammenhängenden Erscheinungen eigentlich gar nichts Neues seien, schon gar nicht eine neue Qualität der kapitalistischen Dynamik. Gemeint ist damit natürlich: nichts Beunruhigendes, nichts, worüber man sich Sorgen machen müsste ob seiner Krisenpotenz, sondern nur der ewig gleiche, gute, alte Kapitalismus. Also Entwarnung – für die einen im Sinne ihrer hoffnungsfrohen Erwartung eines neuen globalen Wirtschaftswunders, für die anderen im Sinne eines sturen Weitermachens in den Begriffen der alten Kapitalismuskritik, also in den Kategorien des Kapitals selbst. Nichts Neues unter der Sonne, also auch nichts Neues zu lernen und zu analysieren.

Damit tun die Leugner einer neuen empirischen Qualität der heutigen Globalisierung Marx aber bitter unrecht. Denn verhielte es sich so, wie sie meinen, hätte Marx also bloß etwas beschrieben, was sich unter seinen Augen wie denen seiner Zeitgenossen real nicht anders als heute abspielte, dann hätte es schon vor 160 Jahren eine Globalisierungsdebatte geben müssen, und die Position von Marx wäre keine besondere, sondern bloß eine Stimme unter vielen gewesen. In Wirklichkeit ist das natürlich keineswegs der Fall. Waren Weltbürgertum und abstrakter Universalismus im 18. Und frühen 19. Jahrhundert vorerst nur bloße Ideen oder Ideale gewesen, so betraten zur Zeit der Marxschen Theoriebildung faktisch bereits Nationalismus, forcierte Schutzzollpolitik und nationalökonomische Formierung die Bühne der kapitalistischen Weltgeschichte und drängten die Universalisierungstendenz des Kapitals zunächst einmal eher zurück.

Was also die heutige Aktualität der Marxschen Aussagen zur Logik des Weltmarkts und seiner Entfesselung ausmacht, ist nicht ihr unmittelbar empirischer Gehalt für die Verhältnisse des 19. Jahrhunderts und den damaligen kapitalistischen Entwicklungsstand, sondern vielmehr ihre unerhörte *prognostische Kraft*. Die optische Täuschung für den heutigen Leser rührt vielleicht daher, dass der Prognostiker (wie oft in solchen Fällen) so formuliert, als ob er eine bereits vollzogene und verallgemeinerte Entwicklung beschriebe, während er in Wirklichkeit anhand einiger weniger, erst embryonal entwickelter Tatsachen und Parameter im geistigen „Adlerflug" auf einen bereits vollendeten Prozess schließt. Wenn etwa bei Marx von „unendlich erleichterten Kommunikationen" die Rede ist in einer Welt ohne Flugzeuge, ohne Fernsehen und ohne Mikroelektronik, mit einer vergleichsweise noch primitiven und räumlich beschränkten Telekommunikation, dann darf man diese Begrifflichkeit natürlich nicht so werten, als würde ihr ein qualitativer Zustand der heutigen Welt entsprechen, bloß weil sie für diese überraschend vertraut klingt.

Marx hat also nicht einfach nur die empirischen Verhältnisse seiner Zeit beschrieben, sondern aus seiner Analyse des kapitalistischen Verwertungsprozesses als solchen eine immanente Tendenz des Kapitals zur Globalisierung herausgearbeitet; und zwar teilweise geradezu im Gegensatz zur empirisch vorherrschenden Entwicklungstendenz seiner Zeit.

Garade deshalb ist Marx aber im Gegensatz zu manch überschwänglichen publizistischen Chancen-Rittern der heutigen tatsächlichen Globalisierung des Kapitals kein bloßer Rechtfertigungsliterat dessen, was ohnehin geschieht. Zwar geht, zumindest in den einschlägigen, berühmten Passagen des „Kommunistischen Manifests", gewissermaßen der exoterische Marx mit dem esoterischen Intellekt durch, wenn er die Heldentaten der Bourgeoisie beim „Niederreißen" aller patriarchalen, idyllischen Verhältnisse usw. bewundert oder gar das „Hineinreißen der Barbaren in die Zivilisation", auch wenn diese dann schon im übernächsten Satz bloß noch „die sogenannte Zivilisation" heißt. Hier finden wir wieder die Spuren der von Aufklärungsphilosophie und Liberalismus übernommenen Geschichtsmythologie eines linearen und „gesetzmäßig" determinierten Fortschritts, und man sieht Marx als „Menschen in seinem Widerspruch", wenn man seine zornbebenden Ausführungen über denselben historischen Prozess im Kapital über die „ursprüngliche Akkumulation" liest.

Aber ungeachtet dieser Widersprüche sieht Marx die universalisierende Tendenz des Kapitals, ob er den vergangenen realen bzw. den prognostizierten zukünftigen Prozess nun bewundert oder bespeit, immer eng verbunden mit der immanenten Selbst-zerstörungstendenz der kapitalistischen Produktionsweise. In diesem Sinne ist für Marx (und hier berühren sich der exoterische und der esoterische Pol seiner Theorie gewissermaßen funkensprühend) der Kapitalismus überhaupt nur eine negative, transitorische Form, eine Art Explosion der bisherigen Geschichte. Universalisierung und Globalisierung brechen sich dabei doppelt am schreienden kapitalistischen Selbstwiderspruch: einmal, weil die nationale Borniertheit nichts wesentlich Vorkapitalistisches, sondern im Gegenteil selber ein Wesensmerkmal der modernen Gesellschaft ist im Widerspruch zu deren universalisierender Tendenz, aus der sie mörderisch immer wieder hervorbricht, zum anderen, weil die Triebkraft der Globalisierung ihrerseits eine bornierte und negative ist: kein bewusster und freiwilliger Zusammenschluss der Menschheit, sondern eine blinde Flucht des beschränkten betriebswirtschaftlichen Kalküls aus den zu klein werdenden Binnenmärkten – letztlich eine Flucht des Kapitals vor sich selbst hinaus in die Welt, wo es immer nur wieder sich selbst findet.

Bei näherem Hinsehen zeigt sich also, dass die universalisierende und globalisierende Dynamik nur die Konsequenz des dieser Produktionsweise immanenten Krisencharakters ist, der in Form einer zunächst latenten oder nur kurzzeitig und zyklisch aufflackernden, schließlich aber manifesten und (erst heute!) strukturell werdenden Weltkrise des Kapitals zum Vorschein kommt. Strukturelle Krise und Globalisierung sind also ein und dasselbe, nur unter verschiedenen Aspekten betrachtet. Was Marx noch an lediglich punktuellen Situationen oder Teilprozessen (etwa den Zusammenhang der Arbeitslosigkeit Londoner und indischer Weber mit Freihandel und Kapitalkonzentration) empirisch vorfand und mit seiner prognostischen Sicht der kapitalistischen Univer salisierungstendenz kurzschloss, ist erst heute tatsächlich zu einem unmittelbaren, universellen, ausnahmslos alle Regionen und Produktionszweige erfassenden Weltverhältnis geworden und bringt seine negativen Wirkungen nicht mehr partiell und punktuell als indirekte hervor, sondern flächendeckend und weltumspannend als direkte. Vollendeter kapitalistischer Universalismus ist die vollendete Universalität der Katastrophe, heute ablesbar auf allen Lebensgebieten. Die Marxschen Aussagen zur Globalisierung sind nicht als separate Argumentationen zur geschichtlichen Tendenz des Kapitals zu lesen, als Hinweis auf dessen bloß räumliche Expansion, sondern vielmehr als Erläuterungen seiner Krisentheorie. Denn die Krise aufgrund des inneren Selbstwiderspruchs bildet die alle besonderen Tendenzen und strukturellen Entwicklungen übergreifende geschichtliche Grundtendenz der kapitalistischen Produktionsweise.

Wie sie eine Folgeerscheinung der immanenten Krisentendenz ist, so ist die Globalisierung gleichzeitig eine Funktion der allseitigen Konkurrenz. War der Weltmarkt, wie Marx sagt, einerseits immer schon eine Voraussetzung des Kapitalismus und seiner Konkurrenzverhältnisse, so wurde er doch andererseits durch die Herausbildung der Nationalökonomien und Nationalstaaten zunächst in seiner Wirkung begrenzt und insofern die Konkurrenz bis zu einem gewissen Grad domestiziert. Gepeitscht von der Krisentendenz muss die Konkurrenz aber diese Schranken durchbrechen; ihre Dynamik ist es ja, von der die Dynamik der Globalisierung getragen wird. Was für Marx als „Logik" des Kapitalismus sich darstellt, wird erst unter unseren Augen empirische Realität: Indem sich die Konkurrenz durch die nationalstaatlichen Grenzen hindurchfrisst und die nationalökonomische Kohärenz auflöst, um das *unmittelbare Weltkapital* herzustellen, wird sie selber auch zur ungefilterten *unmittelbaren Weltkonkurrenz*. Indem dieser Prozess vermittelt ist durch die Transformation der partiellen

Krisen zur totalen Weltkrise, handelt es sich um eine *totale Welt-krisenkonkurrenz* – schon daran ablesbar, dass die erbitterte und ausufernde „Standortdebatte" immer deutlicher mit militärischen Metaphern und in den Vorstellungen eines Überlebenskampfes geführt wird. Dieselben Schönwetterpolitiker und Entertainer der Management-Philosophie, die hinsichtlich der Globalisierung in einer Rhetorik des Optimismus und der Chancen schwelgen, strafen sich mit unbewusster Ehrlichkeit selber Lügen, wenn sie die anzustrebende Verwirklichung dieser „Chancen" in Begriffen eines Weltkriegs darstellen und damit statt eines zukunftsfreudigen Optimismus das gesellschaftliche Angstpotential wecken.

Die blinden „Naturgesetze" des „Kapitals im allgemeinen", lange Zeit darstellbar auf der Ebene des nationalökonomischen Zusammenhangs, werden zum *unmittelbaren Weltgesetz* des einen, universellen, grenzenlosen Weltmarkts, der nicht mehr die Sphäre der Beziehungen zwischen den Nationalökonomien bildet, sondern die universelle Sphäre der unmittelbaren, ungefilterten Weltkrisenkonkurrenz. Das bedeutet nichts Anderes, als dass diese Konkurrenz marodierend wird und der Umgang der Unternehmen und Individuen miteinander jene Züge annimmt, wie sie die nach außen hin durch kein einklagbares Gesetz gebundenen Nationalstaaten schon immer in ihren wechselseitigen Beziehungen an den Tag gelegt hatten. Die Enthemmung des Menschen, die schon im Begriff des Kapitals angelegt ist und sich in den Gräueln der kapitalistischen Durchsetzungsgeschichte immer wieder geäußert hat, droht zum *unmittelbaren Weltverhältnis* zu werden. Die Kehrseite der Globalisierung ist die moralische Verwahrlosung der Individuen, deren Atomisierung nun ebenfalls eine planetarische Dimension angenommen hat. Man muss also die Marxsche Theorie der Globalisierung nicht nur mit seiner Theorie der Krise, sondern auch mit seiner Theorie der Barbarisierung des

Kapitalismus zusammendenken – und man wird das präzise Bild der heutigen Weltsituation erhalten.

Obwohl Marx nicht mehr dazu gekommen ist, den vierten Band des „Kapital" über Weltmarkt und Staat zu schreiben, also seine begrifflich-analytische Darstellung der Logik und der historischen Tendenz gesamtkapitalistischer (und damit auch weltkapitalistischer) Reproduktion zu vollenden, entwickeln seine Texte und Fragmente zum Universalisierungsprozess des Kapitals nicht nur die Grundgedanken der Probleme, die heute manifest werden, sondern wie in der Krisentheorie auch die Grundbegriffe der dazugehörigen ökonomischen Mechanismen. In dieser Hinsicht ist besonders seine Theorie der fortschreitenden *Zentralisation des Kapitals* von Bedeutung. Auch diese Tendenz folgt wie die Globalisierung aus der Logik von Krise und Konkurrenz, wird aber im Kontext der Globalisierung vielfach potenziert. Je mehr das Kapital aus den Binnenmärkten flüchtet und den universellen Weltmarkt herstellt, desto mehr führt die unmittelbare Weltkrisenkonkurrenz auch zu Kapitalagglomerationen, die auf nationalökonomischer Basis undenkbar gewesen wären, zu unmittelbaren Weltkapitalen, die den Staaten Konkurrenz machen können. Auch dieser Aspekt Marxscher Theorie hat sich voll bewahrheitet: Globalisierung und sich überschlagende Mega-Fusionen bilden heute die beiden Seiten desselben Prozesses.

Freilich macht sich auch dabei noch einmal der Gegensatz des exoterischen und des esoterischen Marx bemerkbar, so frappierend die Präzision der prognostischen Kraft über 160 Jahre hinweg auch ist. Während in der Krisentheorie fast ausschließlich der esoterische Marx zum Zug kommt, indem deren Kern das vom Konkurrenzprozess letztlich erzwungene Abschmelzen der „Arbeitssubstanz" und damit das Obsoletwerden von Arbeit und Arbeiterklasse bildet, steht hinter den Marxschen Aussagen zur Globalisierung/Universalisierung und zur damit verbundenen Zentralisation des Weltkapitals zwar eben diese Krisentheorie – aber hier mischt sich abermals der exoterische Arbeiterbewegungs-Marx ein, der konträr zum Kern der Krisentheorie Globalisierung und Zentralisierungsprozess des Kapitals mit einer ebenso universellen Vermassung und Konzentration der Arbeiterklasse identifiziert. Dies traf jedoch nur zu, solange die Krisen- und Globalisierungstendenz ihr manifest universelles Stadium gerade noch nicht erreicht, also der Universalisierungsprozess seine kritische Masse noch nicht überschritten hatte, die eben keine entsprechende Masse von rentabler Arbeitskraft mehr darstellt. Sieht man davon ab, so trifft die Marxsche Globalisierungstheorie ins Schwarze der heutigen Weltverhältnisse und erhellt gleichzeitig deren instabilen, explosiven Charakter, der keine positive Weltgesellschaft der Menschheit stiften, sondern nur zu ihrer Verwilderung in einer universell gewordenen „zweiten Natur" führen kann.

**Das kannst Du Dir detailliert anschauen, wenn Du folgende Texte insbesondere des esoterischen Marx liest:**

- Der Weltmarkt bildet selbst die Basis dieser Produktionsweise, der industrielle Kapitalist hat beständig den Weltmarkt vor sich. In: Das Kapital. Kritik der politischen Ökonomie, Dritter Band. Nach der ersten, von Friedrich Engels herausgegebenen Auflage, 1894
- Ewige Unsicherheit und Bewegung, ganz andere Züge als Völkerwanderungen und Kreuzzüge. In: Manifest der Kommunistischen Partei. Zusammen mit Friedrich Engels, 1848;
  Theorien über den Mehrwert, geschrieben 1862/63
- Die Universalität des Kapitals findet Schranken an seiner eigenen Natur, es ist selbst die größte Schranke dieser Tendenz. In: Grundrisse

der Kritik der politischen Ökonomie, Rohentwurf, geschrieben 1857-1858

- Nachfrage im Ausland suchen müssen, Universalisierung der Konkurrenz. In: Das Kapital. Kritik der politischen Ökonomie, Dritter Band. Nach der von Friedrich Engels herausgegebenen ersten Auflage, 1894; Die deutsche Ideologie. Zusammen mit Friedrich Engels, geschrieben 1846

- Die Religion des Freihandels. In: Pauperismus und Freihandel – Die drohende Handelskrise, 1852

- Je ein Kapitalist schlägt viele tot: die Konzentration und Zentralisation des Kapitals. In: Das Kapital. Kritik der politischen Ökonomie, Erster Band. Nach der vierten Auflage, 1890; Theorien über den Mehrwert, geschrieben 1862/63

## *Die Mutter aller verrückten Formen und die Brut von Börsenwölfen:*

### Zinstragendes Kapital, spekulative Seifenblasen und die Krise des Geldes

Es wird in der Auseinandersetzung um die Marxsche Theorie oft vergessen, dass der vor allem im 1. Band des „Kapital" entwickelte Begriff der kapitalistischen Produktionsweise zunächst nur die elementare Logik des Kapitalverhältnisses und dessen gesellschaftlich-historische Voraussetzungen darstellt. Die unmittelbaren empirischen Erscheinungen dagegen, in denen sich die kapitalistische Gesellschaft an ihrer Oberfläche dem Betrachter darbietet, sind mit dieser Wesenslogik des Kapitals nicht einfach deckungsgleich, sondern durch vielfältige Vermittlungsformen und Modifikationen gewissermaßen mutiert. Zwar ist es, wie Hegel sagt, das Wesen, das erscheint, aber es erscheint eben nicht direkt und als solches, sondern „vermittelt", modifiziert, „unrein" gebrochen durch die Einflüsse, über die es erst an die Oberfläche dringt. Einerseits muss also das Wesen seinem Begriff und seiner Logik nach erst aus der Vielfalt der Erscheinungen herausdestilliert werden, andererseits muss vom einmal gewonnenen Begriff des Kapitals und seiner Wesenslogik aus dann wieder der konkrete Vermittlungszusammenhang aufgerollt und erklärt werden, wie und warum dieses Wesen durch bestimmte modifizierende Formzusammenhänge hindurch sich so zeigt, wie es erscheint. Und endlich sind auch die historische Entwicklung und der jeweilige empirische Stand dieser Vermittlungsformen und -zusammenhänge zu analysieren und darzustellen, wenn das Kapitalverhältnis als konkretes Ganzes in seinem aktuellen Entwicklungsstand erfasst werden soll.

Marx hat die Vermittlungsformen der kapitalistischen Logik und ihrer Entfaltung vor allem im 2. und (fragmentarisch) 3. Band des „Kapital" analysiert, wobei wie gesagt die Ebenen von „Staat" und „Weltmarkt" (die den Inhalt des ungeschriebenen 4. Bandes hätten abgeben sollen) zumindest als systematische Darstellung fehlen. Immerhin hat Marx bei seiner Entwicklung des Kapitalbegriffs relativ ausführlich eine kapitalistische Vermittlungsform analysiert, die heute eine ganz entscheidende Bedeutung erlangt hat: nämlich die Form des zinstragenden Kapitals und den daraus hergeleiteten Begriff des „fiktiven Kapitals". Das zinstragende Kapital, also das reine Geldkapital als Leih- und Kreditkapital, ist eine von der Geldform des „fungierenden", durch reale betriebswirtschaftliche Produktionsprozesse hindurchgegangenen Kapitals durchaus verschiedene Form. Während das betriebswirtschaftliche Geldkapital nur die vorübergehende Geldform in der unaufhörlichen Metamorphose der kapitalistischen Akkumulation darstellt, also ein Geldkapital, das sich als solches immer wieder direkt in Produktionsmittel (c) und lebendige Arbeit (v) zurückverwandelt, bildet das zinstragende Kapital ein Geldkapital, das mit

dem wirklichen kapitalistischen Produktionsprozess nur noch äußerlich und indirekt verbunden ist. Es handelt sich um ein Geldkapital, das an Unternehmen, den Staat oder auch an private Haus-
halte verliehen wird, die dafür über die Rückerstattung der gelie-
henen Summe hinaus Zinsen (als Preis für die Ausleihung) zahlen
müssen.

Vom Standpunkt der Eigentümer dieses Kreditkapitals aus, also
der Gläubiger, und auch im allgemeinen gesellschaftlichen Verständnis des kapitalistischen Bewusstseins, gilt diese derivative
Form des Kapitals als die „eigentliche" und als begabt mit der –
wie Marx sagt – „okkulten Qualität", aus sich heraus Geld zu he-
cken, scheinbar ganz ohne Umweg über reale betriebswirtschaftliche Produktionsprozesse. Deshalb setzt an dieser Erscheinung
des kapitalistischen Vermittlungszusammenhangs auch die vulgäre und populistische Kapitalismuskritik ursprünglich kleinbür-
gerlicher Provenienz an, wie sie von Proudhon und den Anarchis-
ten seiner Couleur über Sektenhäuptlinge vom Schlage eines Sil-
vio Gesell oder Rudolf Steiner bis zur Ideologie der Nazis immer
wieder geschürt worden ist. Dieser vulgäre und begrifflose, gerade auf die Vorurteile des seit dem 18. Jahrhundert „produktivis-
tisch" und durch abstrakte Arbeitsdisziplin dressierten kapitalistischen „gesunden Volksempfindens" zugeschnittene Antikapitalismus greift im Namen der kapitalistischen Nation das „unproduk-
tive Finanzkapital" als blutsaugerischen Vampir an, während die
eigentliche kapitalistische Produktionsweise selbst sogar verherr-
licht und geradezu eingeklagt wird: so etwa in der berüchtigten
Gegenüberstellung von „schaffendem" und „raffendem" Kapital durch die Nazis. Indem diese primitive, auf Ressentiments
und niedrigen Instinkten statt auf Analyse und kritischer Theorie
aufgebaute Ideologie häufig und leicht dazu tendiert, das verteu-
felte Finanzkapital mit dem Judentum zu identifizieren (ein seit

dem Spätmittelalter auftauchender Topos, bereits von Luther exzessiv benutzt), bildet sie gleichzeitig eine Brutstätte, gewissermaßen eine irrationale „Politische Ökonomie" des modernen Antisemitismus.

Dieser verkürzte, bloß gegen die oberflächliche Erscheinungsform des zinstragenden Kapitals gerichtete Antikapitalismus aller populistischen und antisemitischen Strömungen weist zweifellos Ähnlichkeiten und Überschneidungen mit dem ebenfalls in den kapitalistischen Kategorien befangenen Arbeiterbewegungsmarxismus auf, obwohl dieser damit nicht einfach denunziatorisch gleichgesetzt werden darf. Der Hauptimpuls der Arbeiterbewegung bestand immer darin, für die rechtlich-politische Anerkennung der Lohnarbeiter und für verbesserte Lebensbedingungen im Kapitalismus zu kämpfen; der Hauptimpuls der populistischen Affekte gegen das Finanzkapital dagegen zielte stets auf die Mobilisierung blinder Hass- und Ohnmachtsgefühle, um auf dieser Klaviatur im Interesse von Machtkalkülen zu spielen und die Krisendynamik anti-emanzipatorisch aufzufangen.

Indem aber dennoch den verwendeten Begriffen und der Logik der Interpretation nach die Kritik des Wirtschaftsliberalismus bei Sozialdemokraten und Kommunisten sich rhetorisch gern unbedacht auf das Finanzkapital und die spekulativen Prozesse einschießt und sich dabei stets auf Arbeit und Staat, Nation und „produktive Kapitalinvestitionen" beruft, wird unbewusst eine schattenhafte unheilige Allianz der verkürzten und populistischen Kapitalismuskritik quer durch das politische Spektrum angedeutet, die auf das genaue Gegenteil von sozialer Emanzipation hinausläuft. Auch das linkskeynesianische Revival einer Bourdieu-Initiative gegen das neoliberale Paradigma war mit seiner antiamerikanischen Tendenz nicht frei von solchen Motiven.

In diesem Fall aber können sich die Nachfahren und Nostalgiker des Arbeiterbewegungsmarxismus nicht einmal auf den exoterischen Marx berufen. Zwar spricht Marx natürlich nicht etwa schmeichelhaft wie die heutigen marktradikalen Ideologen über die Träger des Finanz- und Spekulationskapitals, sondern nennt sie ungeniert Gauner und Börsenwölfe etc. Aber diese keineswegs erbauliche Personage wird nicht wie in der populären, seichten Kapitalismuskritik der Arbeitsverherrlicher und Antisemiten dem produktiven Kapital feindlich gegenübergestellt, sondern vielmehr in ihrem inneren Zusammenhang mit diesem erklärt und daraus abgeleitet. Insofern gibt es hier fast keinen Unterschied zwischen der exoterischen und der esoterischen Argumentation bei Marx: daher auch seine beißende Kritik an Proudhon und anderen zeitgenössischen Rittern gegen das „böse" zinstragende Kapital, denen er völliges Unverständnis des kapitalistischen Formzusammenhangs und seiner inneren Bewegungsgesetze nachweist.

Marx entwickelt dabei nicht nur den Begriff des zinstragenden Kapitals aus dem Kapitalbegriff selbst und in seiner wirklichen Beziehung zum produktiven, fungierenden Kapital, sondern er zeigt auch, wie sich diese Beziehung im Prozess der kapitalistischen Reproduktion und ihrer Krisendynamik „verkehrt herum" darstellt. Schon allein daraus, dass die Veräußerung des Geldkapitals als „Ware sui generis" (in den verschiedenen Formen des Kredits) und ihr Rückfluss mit hinzuaddiertem Zins sowohl zeitlich als auch räumlich auseinanderfallen und der innere Zusammenhang mit dem realen Produktionsprozess des Kapitals nicht mehr unmittelbar sichtbar ist, ergibt sich außer dem ideologischen Schein und der verzerrten Wahrnehmung des Kapitalfetischs auch die Möglichkeit einer eigenen Krisenpotenz durch die Bildung von „fiktivem Kapital". Fiktives Kapital oder eine leere Finanzblase entsteht dann, wenn das zinstragende Kapital zwar noch beim Gläubiger positiv zu Buche schlägt und er damit operieren (es z.b. als Sicherheit für andere Transaktionen verpfänden) kann, in Wirklichkeit aber das verliehene Geldkapital seitens des Schuldners gar nicht in den produktiven Kreislauf des wirklich fungierenden (real Arbeitskraft vernutzenden) Kapitals involviert wurde oder darin gescheitert ist.

Im Unterschied zur Zeit von Marx kann diese Konstellation heute auch auf der Ebene des Konsumentenkredits an Lohnarbeiter auftreten, wie zahlreiche zeitgenössische Leidensgenossen nur zu gut aus eigener leidvoller Erfahrung wissen: das geliehene Geld, das seitens des Verleihers immer Geld*kapital* (weil zinstragend) ist, auch wenn es bloß für Konsumzwecke verausgabt wird, hat zur ebenso stillen wie unbedingten Voraussetzung, dass die Arbeitskraft des Schuldners im produktiven Kreislauf des Kapitals vernutzt wird und er sowohl die ratenweise Rückzahlung der Hauptsumme als auch die Bedienung der Zinsen aus seinem Lohneinkommen finanzieren kann. Im Fall einer dabei nicht vorgesehenen Arbeitslosigkeit mit drastischem Rückgang des Einkommens wird dieser notwendige Zusammenhang unterbrochen, was aber nicht sofort, sondern erst nach einer gewissen Inkubationszeit in Erscheinung tritt. Beim Konsumentenkredit haben wir es mit einer bloßen Analogie zum wirklichen großen Kreditkapital zu tun, das über verschiedene Kanäle und in verschiedenen Formen an das fungierende Kapital der Unternehmen ausgeliehen wird, damit sie Arbeitskraft produktiv verwursten können. Aber die Mechanismen dabei sind natürlich immer dieselben. Das gilt auch für den Staat, der sich (soweit er nicht selbst Marktunternehmen betreibt) ebenfalls nur als Konsument, und zwar als gesamtgesellschaftlicher Großkonsument, Geld auf den Kapitalmärkten leiht. Was beim Lohnarbeiter das Einkommen aus dem Verkauf seiner Arbeitskraft an das fungierende Kapital ist, um seine Verschuldung finanzieren zu können, ist beim Staat das Steuereinkommen, mit dem er Geldeinkommen aller Art und Gewinne des fungierenden Kapitals abschöpft.

In allen drei Fällen kann der Zusammenhang des Kredits mit dem wirklichen Reproduktionsprozess des Kapitals zerreißen, ohne dass die unvermeidlichen Wirkungen sofort in Kraft treten. Beim Konsumentenkredit des Lohnarbeiters wie gezeigt, wenn er arbeitslos wird, beim Staat, wenn er sich über sein mögliches und der Gesellschaft abzupressendes Steueraufkommen hinaus verschuldet (oder infolge von Krisenprozessen die vorweggenommenen Steuereinnahmen unerwartet wegbrechen), vor allem aber beim fungierenden Kapital selber, wenn der erzielte Profit unter die zu bedienende Schuld fällt. Die Stunde der Wahrheit, also das Platzen der Blase, kann jeweils durch Dehnung des Zeitraums der Rückzahlung (in der Hoffnung von Gläubiger wie Schuldner auf bessere Zeiten) und durch Umschuldung hinausgeschoben werden, also durch Aufnahme neuer zusätzlicher Kredite, nur um die alten weiter abzahlen zu können. Die Kluft zwischen dem zu verzinsenden Geldkapital und dem realen Produktionsprozess des Kapitals droht so natürlich immer weiter zu klaffen, indem ein Teufelskreis der Umschuldung entsteht und sich dabei logischerweise die ursprüngliche Schuld ohne jede produktive Grundlage ins Astronomische steigert.

Aus der Marxschen Analyse ergibt sich so eine klare Differenzierung: Um einen positiven, wenn auch vermittelten Bestandteil des gesamtkapitalistischen Akkumulationsprozesses handelt es sich, wenn das zinstragende Kapital wirklich durch die Produktion des fungierenden Kapitals hindurchgeht und ihm daraus reell die sekundäre Frucht des Zinses zuwächst; um fiktives Kapital oder gewissermaßen um verelendetes, zinstragendes Kapital handelt es sich, wenn dieser Zusammenhang bereits zerrissen, aber dieses

Zerreißen noch nicht realisiert ist, also die in Wirklichkeit bereits „faulen" Kredite, Wechsel etc. bzw. unrealisierten Verluste noch immer als vorhandenes und sich vermehrendes Vermögen verbucht werden (aus Unkenntnis oder absichtlich), obwohl sie bereits substanzlos geworden sind.

Einen zweiten, analogen Begriff des fiktiven Kapitals entwickelt Marx aus einem spezifischen Sektor des Finanzkapitals, den Aktienmärkten. Die bei Kurssteigerungen von Wertpapieren vorgenommene „Kapitalisierung von Erwartungen" (Aussicht auf zukünftige Gewinne) bildet von vornherein fiktives Kapital, weil hier überhaupt kein substantieller Bezug mehr zu einem realen kapitalistischen Produktionsprozess besteht (im Unterschied zur Dividende, die logisch dem Zins des reinen Geldkapitals entspricht, d.h. einen abgeleiteten Anteil am realen Unternehmensprofit darstellt). Solange sich diese spezifische Bildung von fiktivem Kapital parallel zum realen Akkumulationsprozess entwickelt, kann sie von diesem immer wieder eingeholt werden; sobald sie ihm aber davonläuft und überdimensional wird, entsteht analog zum fiktiven Kapital faul gewordener Kredite eine Finanzblase, d. h. eine Scheinakkumulation durch Operationen mit substanzlosen Wertbeständen, die irgendwann platzen müssen („Wertberichtigung").

Im kleinen Maßstab finden solche Prozesse im Kapitalismus tagtäglich statt. Immer wieder reißt in der einen oder anderen Hinsicht die Beziehung von Realkapital und Finanzkapital ab, bilden sich hier und dort Finanzbläschen, platzen Wechsel, werden Kredite notleidend, bankrottieren zahlungsunfähige Schuldner – oft genug gemeinsam mit ihren unseligen Gläubigern. All dies gehört zum stinknormalen Geschäftsgang, zu den Risiken und Nebenwirkungen des kapitalistischen Reproduktionsprozesses, in dem sich die zugrundeliegende elementare Wesenslogik der „Verwertung

des Werts" durch ihre zahlreichen und widersprüchlichen Vermittlungsformen hindurchwindet. Zum gesamtgesellschaftlichen
Problemfall wird die Sache erst, wenn die von der realen Wert-
schöpfung des fungierenden Kapitals losgerissenen Wertbe-
stände des fiktiven von faulen Krediten einerseits und rein spekulativen Aktienwerten (oder auch Immobilienwerten etc.) bzw.
Staatsschulden andererseits eine bestimmte kritische Masse
übersteigen. Das ist immer dann der Fall, wenn auf der Ebene des
fungierenden Kapitals selber die von der Marxschen Krisenana-
lyse beschriebene innere Stockung der realen Akkumulation im
gesellschaftlichen Maßstab eintritt, also die kapitalistische Produktion aufgrund ihres eigenen Selbstwiderspruchs und ihrer eigenen inneren Gesetzmäßigkeit nicht mehr genügend menschliche Arbeitskraft rentabel einsaugen kann. Diese innere Schranke
wird aber nicht unmittelbar sichtbar, weil sich die „Wirtschafts-
subjekte", also Unternehmen, Staaten und Privathaushalte, an
Stelle ihrer zurückgehenden oder ganz wegbrechenden realen
Profite, Einkommen etc. eine Zeitlang durch Verschuldung und
die Bildung von fiktivem Kapital über Wasser halten bzw. andererseits und gleichzeitig vorhandenes Geldkapital überproportio-
nal in die Aktienmärkte fließt und dort ebenfalls fiktives Kapital in
Gestalt einer Spekulationsblase bildet (die unvermeidliche Krise
wird dadurch einerseits aufgeschoben, andererseits aber auch
verschärft, je mehr fiktives Kapital sich gebildet hat). Wenn die
Krise dann endlich an die Oberfläche durchbricht, erscheint sie
daher in aller Regel als scheinbar reine Geld-, Kredit- und allgemeine Finanzkrise, obwohl ihr in Wahrheit die innere Schranke
des produktiven Kapitals selber zugrunde liegt. Daher auch die ge-
wöhnliche populistische Verwechslung von Ursache und Wirkung,
sobald die Krise real in Erscheinung tritt („Spekulantenhetze"
statt emanzipatorischer Kritik der kapitalistischen Produktionsweise selbst).

Wenn die Marxsche Theorie und Analyse des zinstragenden Kapitals und des aus dieser Logik hervorgehenden fiktiven Kapitals heute kaum weniger aktuell ist als seine Globalisierungsprognose, so aus dem einfachen Grund, dass beide Prozesse gleichermaßen und komplementär aus der inneren Krisentendenz des Kapitals hervorgehen. Der Flucht des Kapitals nach „außen" auf die Weltmärkte entspricht die Flucht nach „oben" in die vom realen Produktionsprozess entkoppelten Finanzmärkte. Beide Prozesse bedingen sich wechselseitig und gehen ineinander über. Die Herstellung des unmittelbaren Weltkapitals in der ungefilterten Weltkrisenkonkurrenz geht einher mit der Bildung eines ebenso ungefilterten Weltfinanzmarkts, einer exorbitanten Weltverschuldung und einer Weltblase des fiktiven Kapitals. Gerade darin deutet sich die unvergleichlich größere Durchschlagskraft einer möglichen kommenden Weltfinanzkrise im Vergleich zu allen entsprechenden Finanzkrisen der Vergangenheit an, indem vor allem das Finanzkapital den nationalökonomischen Rahmen am weitestgehenden gesprengt hat und seine Krise jetzt nur noch unmittelbar im Weltmaßstab stattfinden kann. Für das Verständnis der Mechanismen dieser Entwicklung, das den heutigen Weltbankern und Finanzanalysten allerdings genauso abgeht wie ihren Vorfahren, gilt mehr denn je: Schlag nach bei Marx!

**Hierzu lies bitte den esoterischen Marx in seinen Schriften:**
- Der reine automatische Fetisch: Es wird ganz so Eigenschaft des Geldes, Zins abzuwerfen, wie die eines Birnbaums, Birnen zu tragen. In: Das Kapital. Kritik der politischen Ökonomie, Dritter Band. Nach der von Friedrich Engels herausgegebenen ersten Auflage, 1894
- Er hat die Wahl, aber es ist verrückt: der Kredit als Basis der Spekulation. In: ebd

- Die Bildung des fiktiven Kapitals nennt man kapitalisieren. In: Das Kapital. Kritik der politischen Ökonomie, Dritter Band. Nach der ersten von Friedrich Engels herausgegebenen Auflage, 1890
- Der Staat muss betteln gehen: das fiktive Kapital der Staatsschulden. In: ebd
  Die deutsche Ideologie. Zusammen mit Friedrich Engels, geschrieben 1846
- Der Schein, als bildete sich wirkliches Kapital neben dem Kapital: Aktiengesellschaften und ihr Mehrwert. In: Das Kapital. Kritik der politischen Ökonomie, Dritter band. Nach der von Friedrich Engels herausgegebenen ersten Auflage, 1894
- Ein ganzes System des Schwindels und Betrugs. In: ebd
- Das Geschäft ist immer kerngesund, bis auf einmal der Zusammenbruch erfolgt. In: ebd

## *Universelle Aneignung einer Totalität von Produktivkräften:*
## Kriterien für die Überwindung des Kapitalismus

Der kapitalistisch sozialisierte Normalmensch wird enttäuscht sein, wenn er feststellen muss, dass Marx außer einer Analyse und Kritik der kapitalistischen Produktions- und Lebensweise keine umfassende Blaupause für das hinterlassen hat, was noch vor einiger Zeit in der Linken und in den staatskapitalistischen Staaten „Aufbau des Sozialismus" genannt wurde, keine Anweisung, wie man das denn „richtig" zu machen hätte. Es fehlt jedenfalls das, worauf der kapitalistische Normalmensch bei Gesellschaftskritik einen Anspruch zu haben glaubt, nämlich eine beigepackte sozialökonomische *Gebrauchsanweisung*. Das liegt ganz einfach daran, dass ein solches Konstrukt aus der kritischen Gesellschaftstheorie beim besten Willen nicht ableitbar ist. Kritische Theorie kann die negativen und destruktiven Erscheinungen des

Kapitalismus, wie sie von allen Menschen in irgendeiner Weise erfahren werden, erklären und auf den Begriff bringen, analysieren und damit die Kritik des Kapitalismus und die Notwendigkeit seiner Überwindung *begründen*. Diese Begründung der Kritik ist aber etwas ganz anderes als eine Gebrauchsanweisung für den konkreten Aufbau einer „idealen" und womöglich „widerspruchsfreien" Gesellschaft, ein Reißbrettentwurf für eine Gesellschaftsarchitektur nach irgendeinem Modell des Menschen, wie er zu sein hätte.

Wer eine solche Gebrauchsanweisung einfordert, verlangt unbewusst, dass selbst noch die Überwindung der Marktgesellschaft nach dem gewohnten und eingefleischten Muster des Kaufens und Verkaufens vonstattengehen soll: er sieht die kritische Theorie in der Rolle des Verkäufers, der gefälligst ein Angebot mit garantiertem Rückgaberecht zu machen hat, und sich selbst in der Rolle des wählerischen (und ewig betrogenen) Konsumenten, der eine umfassende Produktinformation wünscht, um die erworbene Ware problemlos konsumieren zu können. Dabei vergisst er, dass ja keineswegs von einem Warenangebot auf dem Markt der Meinungen, Weltverbesserungsvorschläge usw. die Rede ist, sondern von den realen Leiden seines eigenen Lebens und den an ihn gerichteten gesellschaftlichen Zumutungen, von denen er sich nur selber im Verein mit anderen Menschen befreien kann. Kritische Theorie ist in diesem Sinne kein Angebot, sondern ein Spiegel der Selbsterkenntnis, eine Wut des Begreifens und eine „Aufforderung zum Tanz" mit ungewissem Ausgang.

Indem das Normalbewusstsein die Kritik als fix und fertige Utopie einfordert, die man wie ein Supermarktangebot kaufen oder verschmähen kann, macht es (wiederum unbewusst) auf den inneren Zusammenhang zwischen Utopismus und Warenform aufmerksam. Deshalb ist bei der Frage nach der Überwindung des Kapitalismus und dem Weg in eine andere Gesellschaft noch einmal auf den nicht-utopischen Charakter der Marxschen Theorie und auf die These zurückzukommen, dass wir in Wahrheit heute mitten in einer verwirklichten Negativutopie leben, denn nichts Anderes ist der zum Weltsystem ausgewachsene Kapitalismus. Oder wie soll man es sonst nennen, dass in diesem System die Individuen durch den „stummen Zwang der Verhältnisse" (Marx) ebenso wie notfalls durch Staatsgewalt „eindimensional" (Herbert Marcuse) gemacht und zur Exekution blinder Systemgesetze an sich selbst genötigt werden? Der „neue Mensch" war von Anfang an ein Postulat der modernen Form versachlichter Herrschaft. Die Zwangsvorstellung eines „ideal" kontrollierten „Menschenmaterials", das auch innerlich unter dem Bann eines ihm vorgegebenen abstrakten Selbstzwecks steht, gehörte schon zu den frühesten Ideen kapitalistischer Rationalität. Und heute wird bekanntlich unter dem Totalitarismus des Marktes der total modellierbare und sich selbst nach Marktimperativen modellierende „neue Mensch" gewissermaßen im Jahres-, Monats- und Wochentakt abgefordert.

Im Zuge dieser Verwirklichung eines totalitären utopischen Anspruchs unter der Maske der Sachlichkeit setzte eine Umwertung der Begriffe ein: Die utopische Irrationalität und Eindimensionalität des kapitalistischen Selbstzwecks wurde zur „natürlichen Ordnung der Dinge", und die betriebswirtschaftliche Zerstörungslogik, die das Universum der sinnlichen Welt gnadenlos auf die eine dürre Abstraktion des Geldes zurechtschneidet, zum „pragmatischen Umgang" mit den Dingen erklärt. Umgekehrt mussten dann aber auch in der einmal verwirklichten kapitalistischen Utopie das Geltendmachen der elementarsten menschlichen Regungen und Bedürfnisse wie die einfachste pragmatische Vernunft im Umgang mit der erfahrbaren sinnlichen Welt den falschen Namen des Utopischen annehmen. Indem der Kapitalismus die Ortlosigkeit zum realen Ort der Welt machte, verbannte er die menschliche Vernunft in die reale Ortlosigkeit. Es ist „utopisch" geworden,

den zur mörderischen Plage ausgeuferten Transport von der Straße auf die Schiene zu verlegen, die gemeingefährlichen und viele Generationen als Hypothek belastenden Atomkraftwerke früher als in 30 Jahren abzuschalten oder mit Hilfe der mikroelektronischen Netzwerke und Automaten, der größten Arbeitsersparnis aller Zeiten, weniger als die Bauern des Mittelalters zu „arbeiten" – um bloß einige Beispiele zu nennen. In der Welt des vollendeten Kapitalismus ist nur der offene Wahnsinn realistisch. Unter diesen Bedingungen nimmt der sogenannte Pragmatismus zwangsläufig selber endzeitliche Züge an.

Es gibt also, und das ist die Botschaft von Marx, erstens kein „neues Jerusalem" welcher Art auch immer zu verwirklichen, sondern schlicht mit dem verwirklichten Irrsinn der herrschenden Produktionsweise Schluss zu machen, die alle Produktivkräfte in Destruktivkräfte verwandelt hat. Und zweitens kann die Aufgabe der praktischen Veränderung in diesem Sinne nicht mehr in das Ressort einer die Kritik begründenden Theorie fallen, sondern nur die Tat einer praktischen sozialen Aneignungs- und Aufhebungsbewegung sein. Allenfalls kann die Theorie dafür allgemeine Zielsetzungen und bestimmte, aus der begründeten Negation des Kapitalismus folgende *Kriterien* angeben; und nur solche Kriterien finden sich dementsprechend bei Marx. Diese aber sind in der Regel explizit wie implizit stets bereits Bestandteil der kritischen Analyse selber.

Der vernünftige Umgang mit den Dingen selber ist also nicht aus den Abstraktionen der kritischen Theorie herzuleiten, sondern diese kann nur als Begründung dafür dienen, dass sich die Individuen bewusst zu einer negatorischen Organisation zusammenschließen, um die kapitalistische Antivernunft zu sprengen, sich die gesellschaftlichen Potenzen anzueignen und in einem von den

irrationalen betriebswirtschaftlichen Zwängen befreiten praktischen Umgang mit den Dingen deren vernünftigen Gebrauch eigentlich erst herauszufinden, also die vom Kapitalismus in einer
destruktiven Form hinterlassenen Produktivkräfte gewissermaßen „auszusortieren", sie umzuformen, in andere Konstellationen
zu bringen, teilweise auch wegen erwiesener Unsinnigkeit oder
Gemeingefährlichkeit stillzulegen usw. Während der Kapitalismus
ohne Rücksicht auf die besondere Qualität, auf den spezifischen
Stoff oder Inhalt, auf die jeweilige Eigenart usw. der Dinge und
Beziehungen alles nach ein und demselben abstrakt-allgemeinen
Prinzip zurichtet, nämlich dem Prinzip der Verwertung des Werts
oder der Plusmacherei, wäre es gerade das „Prinzip" des Kommunismus im Marxschen Sinne, gar kein solches Prinzip mehr zu haben, sondern erstmals bewusst pragmatisch mit der Welt umzu-
gehen.

Das Kriterium dafür besteht darin, dass kein fetischistisches Me-
dium mehr zwischen die gesellschaftlichen Individuen und die
Welt tritt. Insofern eben kann darüber keine allgemeine theoretische Aussage Auskunft geben, sondern nur die praktische Erfahrung im veränderten Umgang mit den Dingen selbst und der Prozess dieser Veränderung selbst. Der Begriff einer „Aneignungsbewegung" trifft vielleicht dieses Marxsche Kriterium am besten,
weil er den Charakter der umwälzenden Aneignung als Prozess
erfasst: nicht die beschränkte und äußerliche „juristische" Form
der Aneignung, worauf sich dieser Gedanke im Arbeiterbewegungsmarxismus weitgehend reduzierte, sondern die tatsächliche, praktische, stofflich-sinnliche, intellektuelle usw. Aneignung
einer „Totalität von Produktivkräften", also die Verfügungsgewalt
nicht im Sinne von bloß auf „das Volk" oder „die Gesellschaft"
übertragenen bürgerlichen Eigentumstiteln, sondern von tatsäch-
licher inhaltlicher Beherrschung der eigenen universellen Gesellschaftlichkeit und ihrer Potenzen.

Die Produktivkräfte müssen dem Kapitalismus nicht nur entrissen, somit ihrer bürgerlichen Rechtsform überhaupt entkleidet werden, sondern sind in diesem weit umfassenden Sinne anzueignen und gerade dadurch umzuformen. Marx wendet sich bewusst und deutlich gegen die „juristische Illusion" einer Pseudo-Aufhebung des Kapitals innerhalb der bürgerlichen Rechtsformen. Diese juristische Illusion besteht eben darin, die kodifizierte Eigentumsform (eben jene vermeintliche Verfügungsgewalt) für das Eigentliche und Wesentliche zu nehmen, obwohl sie doch nur die notwendige Konsequenz bestimmter, ihr vorgelagerter Produktionsverhältnisse und gesellschaftlicher Beziehungsformen ist. Es wäre also nur absurd, ein direktes gesellschaftliches Eigentum einführen zu wollen und dennoch die dem gerade nicht gesellschaftlichen Eigentum zugrundeliegende Warenproduktion, abstrakte Arbeit usw. beizubehalten (wie dies im „Realsozialismus" der Fall war).

Es bereitet wenig Schwierigkeiten, bei der Benennung solcher Kriterien für die tatsächliche Überwindung des Kapitalismus den esoterischen vom exoterischen Marx zu trennen. Das „Proletariat" als solches kann mit seinem schon dem Begriff nach in den vorgegebenen Rahmen des Kapitalismus eingebrannten „Klassenkampf" die Marxschen Kriterien für eine Aufhebungs- und Aneignungsbewegung über den Kapitalismus hinaus nicht erfüllen. Deshalb blieb der „Arbeitssozialismus" auch stets in der Rechtsform und damit der „juristischen Illusion" über die Verfügungsgewalt befangen. Teilweise legt Marx selber schon eine andere Logik der Aufhebung und Aneignung nahe, wenn er dabei streckenweise nicht vom „Proletariat", sondern von den „Individuen" spricht. In der Tat kann Träger einer im Sinne des esoterischen Marx umwälzenden sozialen Bewegung keine vom Kapitalismus selber apriorisch vordefinierte Klasse sein, die sich gerade auf ihre Stellung *im* Kapitalismus beruft, wie sie ihr „unbewusst" schon zukommt, sondern nur ein bewusster Zusammenschluss der Individuen, der von ihrer eigenen Einsicht und nicht von ihrer objektiv vorgegebenen Stellung im System abhängt.

Während innerhalb der kapitalistischen Kategorien und ihres scheinbar objektiv vordefinierten, quasi-naturgesetzlichen Zusammenhangs der Wille der Individuen bloß eine Illusion ist, kann umgekehrt die Aufsprengung dieses irrationalen Fetischverhältnisses wirklich nur eine Funktion des Willens sein, und zwar eben des Willens derjenigen Individuen, die aufgrund ihrer Erfahrung und eigenen kritischen Einsicht „nicht mehr wollen" (also ihre bisherige, unerträglich gewordene bürgerliche *Willensform* abstreifen wollen). Insofern wäre eine vom Kapitalismus und überhaupt vom Fetischismus befreite Gesellschaft erstmals eine, deren Gestalt, Leben und Tätigkeit tatsächlich auf ihre freien Willensverhältnisse zurückzuführen ist. Wenn es um eine nicht bloß illusorische Überwindung des Kapitalismus geht, stürzt also nicht eine innerkapitalistische Klasse die andere, sondern der Zusammenschluss der kritischen Individuen (ungeachtet ihrer jeweiligen innerkapitalistischen Position), die sich das „automatische Subjekt" vom Hals schaffen wollen, stößt mit dem Teil der Gesellschaft zusammen, der es (ebenfalls ungeachtet seiner vorgegebenen Stellung) unbedingt erhalten und sein Heil in der umso hemmungsloseren Konkurrenz suchen will. Der „Materialismus" der Aufhebungsfrage besteht in der Art und Weise, wie die in einem umfassenden gesamtgesellschaftlichen Sinne negativen Erfahrungen der kapitalistischen Realität verarbeitet werden, nicht in der Art und Weise, wie die Individuen a Priori sozial festgenagelt sind.

Insofern ist die alte marxistische Frage nach dem (objektiv vorgegebenen) „Subjekt" der Kapitalismuskritik, wer es denn „an sich" schon sei, ohne von seinem historischen Glück zu wissen, schlicht falsch gestellt und daher heute bloß noch eine ratlose. In der kapitalistischen Welt des 21. Jahrhunderts, in der die fixierten sozialen Funktionskategorien real fließend geworden und die Individuen tatsächlich und handgreiflich atomisiert worden sind (bei gleichzeitiger Verschärfung der globalen Massenarmut und vielfältiger Verelendungsprozesse), kann es weitaus eher als im 19. Jahrhundert einleuchten, dass die Kriterien des esoterischen Marx für die Überwindung des Kapitalismus gerade nicht von einer systemisch vorbestimmten Klassenbewegung, sondern nur von einer bewusst sich selbst konstituierenden Bewegung der „assoziierten (bzw. sich im Prozess der praktischen Kritik selber assoziierenden) Individuen" erfasst und wirksam gemacht werden können.

Mag diese Einsicht aufgrund der heutigen empirischen Evidenz auch relativ leichtfallen (außer für die in ihrer ideologischen Identität gefesselten restlichen Marxisten der vergangenen Epoche), so haben es doch die anzulegenden Kriterien selber in sich und sperren sich dem Bewusstsein, wie es in dieser kapitalistischen Welt geworden ist. Der scheinbar plausible Begriff der Aneignung lässt schnell die Scheuklappen herunter, wenn klar wird, dass dieses Kriterium unvereinbar mit der Rechtsform ist. Denn in dieser Hinsicht sind die kapitalistisch sozialisierten Individuen, und gerade die postmodernen, allesamt „Arbeiterbewegungsmarxisten", weil hier ja der obsolet gewordene Marxismus mit dem bürgerlichen Bewusstsein zusammenfällt. Das bürgerliche Individuum kann sich zunächst einmal nicht selber außerhalb der Rechtsform denken, die ja seine Subjektform und damit seine Beziehungsform zur Welt ist. Diese bürgerliche Rechtssubjektivität kommt aber, wie Marx offengelegt hat, überhaupt nur durch die Aufspaltung des bürgerlichen Menschen in ein Wirtschafts- und ein Staatsbürgersubjekt zustande, in den „homo oeconomicus" und den „homo politicus", den „bourgeois" und den „citoyen", den Geldmenschen und den Staatsmenschen. Geld und Staat aber sind laut Marx die beiden polaren Formen einer bloß abstrakten und daher unwahren Allgemeinheit, jener bloß „illusorischen Gemeinschaftlichkeit". Damit die unwahre Gesellschaft der nach blinden Gesetzmäßigkeiten atomisierten Individuen wirklich zu einer Gesellschaft, zu einer bewusst agierenden Gemeinschaftlichkeit wird, müssen die Individuen die beiden entfremdeten, irrationalen Formen abstrakter Allgemeinheit, nämlich Geld und Staat, „in sich zurücknehmen", also aufheben und überwinden.

Jene scheinbar so plausible Aufgabe einer bewussten Aneignung der in ihrer kapitalistischen Form destruktiv gewordenen Produktivkräfte verlangt also nicht weniger als die Aufhebung der Geld und Staat übergreifenden Rechtsform, in der sich die Individuen nur als „Repräsentanten von Ware" gesellschaftlich aufeinander beziehen können. Es ist klar, dass vor dieser Aufgabe, der praktischen Überwindung seiner eigenen Subjektform (und genau das ist der Kern der Gesellschaftskritik des esoterischen Marx, die man kurz als „Wertkritik" bezeichnen kann), das kapitalistisch sozialisierte Massenbewusstsein erst einmal zurückschreckt.

So kommt es, dass die intellektuellen Dinosaurier des übriggebliebenen Arbeiterbewegungsmarxismus paradoxerweise gerade in ihrer eigenen Obsoletheit diese Sperre des bürgerlichen Bewusstseins am deutlichsten formulieren, weil sie aufgrund ihres Wissens um die Marxschen Kriterien (die sie schon immer verkürzt, verhunzt und naserümpfend beiseitegeschoben haben) am leichtesten imstande sind, das Problem so zu identifizieren, dass es zurückgewiesen werden kann, während der offizielle bürgerliche Verstand erst einmal nur „Bahnhof" versteht. Es ist eine Ironie der Geschichte, dass sich ausgerechnet der übriggebliebene Marxismus zum Sprecher des gemeinbürgerlichen Bewusstseins macht und gegen die „Wertkritik" alle Register der denunziatorischen

Abwehr und Verdächtigung zieht, indem er das in Wahrheit originäre Marxsche Kriterium einer Überwindung des Fetisch-Mediums als Idee eines „Steinzeitkommunismus" à la Pol Pot und als drohenden Rückfall hinter die Zivilisation abzuqualifizieren sucht. So etwa Wolfgang Fritz Haug, ein emeritierter Papst bundesdeutscher Marxbeschäftigung, und andere akademische Marxisten. Mitten in der neuen Großkrise und der barbarischen Verwilderung des globalisierten Kapitalismus wird also die Idee der Befreiung von der modernen Zumutungsgesellschaft selber zur Barbarei erklärt, womit der Marxismus nebenbei noch in seinem letzten Röcheln beweist, dass er sich in krassem Gegensatz zum esoterischen Marx unter Zivilisation nie etwas anderes als die entfremdete Vergesellschaftung durch Geld und Staat vorstellen konnte und wollte.

In Wahrheit schafft der Kapitalismus mitsamt seiner unwahren „Menschenrechts"-Zivilisation, die Marx schon vor 160 Jahren in Grund und Boden kritisiert hat, für einen stetig wachsenden Teil der Weltbevölkerung selber das Geld und zunehmend auch bereits Staaten ab, aber eben in seiner negativen Art und Weise. In den großen globalen Zusammenbruchsregionen mit immer mehr Ländern, die ihre eigene Währung bereits aufgegeben haben, leben massenhaft Menschen ohne jedes Geldeinkommen und ohne jeden Zugang zu Devisen. Dieser Zustand ist in der Tat die Barbarei, aber eben nur deswegen, weil zwar für die Menschen das Geld, aber nicht die Vergesellschaftungsform und das Kriterium des Geldes als „stummer Zwang" abgeschafft worden ist. Für Marx geht es gerade nicht um eine oberflächliche Abschaffung oder einen bloßen Entzug des Geldes, während die bürgerliche Rechts- und Subjektform beibehalten wird, sondern um die Aufhebung dieser Form selbst, die dann eine weitere Vergesellschaftung als Geldwirtschaft überflüssig macht und als irrational erkennen lässt.

Wo aber die bürgerliche Subjektform unangetastet bleibt, können immer nur die beiden Pole der Entfremdung gegeneinander ausgespielt werden. Der Kapitalismus war überhaupt nur in der Lage, sich bis zu seiner Krisenreife zu entwickeln, indem der Staat das Geld bzw. den Markt in Schach hielt und umgekehrt. Wo diese wechselseitige Begrenzung nicht mehr wirkt, kommt der barbarische Kern dieser Zivilisation zum Vorschein. Das Regime von Pol Pot etwa etablierte den totalen sozialen Terror, indem sich der Staat in Gestalt eines Parteiapparats Geld bzw. Markt gegenüber absolut setzte, wie umgekehrt ebenfalls der soziale Terror die Folge ist, wo Geld bzw. Markt gegenüber dem Staat absolut gesetzt werden. In beiden Fällen sind die Menschen in potenzierter Form das, was sie auch im kapitalistisch-demokratischen Normalfall sind: bloße Objekte, bloßes Material eines über sie hereinbrechenden Verhängnisses. Es ist eine weitere Ironie, dass die „Wertkritik" als „unmögliche" Marx-Interpretation gerade von einer Position aus denunziert wird, die nicht nur stets ein Arbeitsmarxismus, sondern damit auch ein Staatsmarxismus geblieben ist, also gerade das Moment selber enthält, das in Gestalt des Pol Pot-Regimes eine besonders üble Erscheinungsform angenommen hat. Heute ziehen sich weltweit Geld/Markt und Staat gleichermaßen von einer wachsenden Masse der auf der Erde lebenden menschlichen Individuen zurück, ohne diese jedoch aus ihren Kriterien zu entlassen. Die herangereiften Verhältnisse selbst sind es also, die nach einem Praktischwerden der Kriterien verlangen, wie sie der esoterische Marx als Schlussfolgerung seiner kritischen Analyse entwickelt hat: kein wechselseitiges Ausspielen von Geld/Markt und Staat mehr, sondern die Überwindung dieses irrationalen Dualismus durch eine bewusste Selbstverwaltung und Selbstorganisation der Gesellschaft unter Beteiligung aller ihrer Mitglieder jenseits von Markt und Staat.

Marx war sich bewusst, dass die Aufsprengung der obsolet werdenden bürgerlichen Subjektform nicht nur an sich schwierig sein wird, sondern auch unter ganz unterschiedlichen und ungleichzeitigen Bedingungen stattfinden muss. Indem der Kapitalismus sich ungleichförmig und ungleichzeitig entwickelt hat, stößt er in dieser Ungleichmäßigkeit an seine Grenzen. Und auch heute, da wir erst 160 Jahre nach Marx den Horizont seiner esoterischen Fragestellungen tatsächlich erreicht haben, kann die Überwindung dieser Gesellschaftsordnung nur unter ganz verschiedenen Bedingungen stattfinden. Die erzwungene Gleichzeitigkeit des Weltsystems durch die kapitalistische Globalisierung ist eben bloß eine negative, während die Ruinen der Ungleichzeitigkeit die realen Ausgangspunkte möglicher sozialer Aufhebungs- und Aneignungsbewegungen bilden.

So ist die letzte kapitalistische Produktivkraft der Mikroelektronik eine universelle Aneignungsbedingung geworden, die den vom exoterischen Marx ausgeheckten Sozialismusbegriff einer „niederen Stufe des Kommunismus", auf der noch immer nach individuellen Leistungseinheiten und Arbeitszeiten abgerechnet und „geplant" werden soll (von Marx immerhin bewusst als Restbestand bürgerlicher Rechtsförmigkeit benannt), vom Kapitalismus selber überholt und ad absurdum geführt worden. Insofern spielt für die wirkliche gesellschaftliche Reproduktion der Zeit- und Leistungsanteil des einzelnen Individuums gegenüber den gesellschaftlichen wissenschaftlich-technischen Aggregaten keine Rolle mehr. Mit anderen Worten: In den Dingen, also materiell ist der Kommunismus bereits da, lediglich noch in den falschen, irrationalen und destruktiv wirkenden kapitalistischen Formen. Mit den weltweit heute vorhandenen Ressourcen könnten wir bereits einem Mehrfachen der heutigen Weltbevölkerung ein reiches angenehmes Leben gewährleisten.

Andererseits kann aber die reale Aneignung dieser Potenz nur unter Bedingungen und in sozialen Zusammenschlüssen vor sich gehen, die in den verschiedenen Weltregionen ganz unterschiedlich sind, je nachdem wie die kapitalistische Globalisierungswalze die Gesellschaft hinterlassen hat. Die von Marx als Kriterium benannte transnationale Universalität der Aneignungs- und Aufhebungsbewegung schließt also diese Unterschiedlichkeit der Ausgangslage ein, und insofern kann es auch eine noch für das 21. Jahrhundert bedeutsame Aussage von Marx sein, dass er die damalige russische Agrarkommune durchaus als möglichen Ausgangspunkt einer emanzipatorischen Umwälzung bezeichnet hat, unter der Voraussetzung jedoch, dass sie ihre lokale Borniertheit überwindet und in Verbindung mit der Aneignung der modernen Produktivkräfte Teil einer übernationalen, die industriellen Zentren einschließenden Weltbewegung wird. Zwar finden sich heute keine Reste der alten „kommunistischen" Agrarverfassungen mehr, aber solche Formen könnten durch die Zerfallsprozesse des kapitalistischen Weltsystems hindurch in bestimmten Weltregionen durchaus in neuer Gestalt entstehen. Für einen neuen Antikapitalismus im Sinne des esoterischen Marx wird es darauf ankommen, dass er als universelle, bewusst a-nationale (und damit antinationale), global vernetzte und kommunizierende Weltbewegung gleichzeitig unterschiedliche Formen und Ausgangsbedingungen entwickeln und in sich bergen kann.

An einem allerdings hat Marx niemals einen Zweifel gelassen, und auch das ist ein entscheidendes Kriterium: der Kapitalismus kann nicht durch isolierte doktrinäre „Experimente" überwunden werden, nicht durch Beispiele im Kleinen, die bloß aufzusummieren und zu verbreiten wären. Eine solche Vorgehensweise wäre wirklich ein Rückfall hinter den Kapitalismus, denn es geht ja gerade um die bewusste und vernünftige Aneignung gesamtgesellschaftlicher Potenzen und Aggregierungen, die nicht auf ein Miniaturformat herunter zu brechen sind. Der Vergesellschaftungsgrad kann nicht zurückgenommen werden, und deshalb kann die emanzipatorische „Assoziation der Individuen" auch nicht im kleinen Maßstab erst einmal „neben" der Gesellschaft stattfinden. Auch insofern hat Marx mit Recht dem Utopismus eine Absage erteilt. Was unmittelbar möglich ist, sind Organisationsformen der Solidarität oder der Betrieb gemeinschaftlicher Einrichtungen, die weder kommerziellen noch staatlichen Zwecken dienen etc. Projekte also, die aber nicht mit einer umfassenden Aneignung der gesellschaftlichen Produktivkräfte verwechselt werden dürfen.

In einer weltgesellschaftlichen Situation wie heute, in der einerseits der Kapitalismus überreif bis zum Platzen, andererseits aber keine soziale Aneignungsbewegung in Sicht ist, schon gar keine Weltbewegung, wird die Reformulierung kritischer Theorie selber zu einem bedingenden Moment künftiger Emanzipation. Den historisch abgelebten exoterischen und den erst heute aktuell werdenden esoterischen Marx auseinander zu dividieren, ist vielleicht am fruchtbarsten bei der Benennung der Zielsetzungen und Kriterien für eine Überwindung des Kapitalismus, die mit der Vorstellungswelt des Arbeits-, Staats- und Nationalmarxismus nichts mehr zu tun hat. Dass kritische Theorie gerade in dem Maße, wie sie diese Aufgabe erfüllt, umso weniger an der Inflation der gängigen billigen Konzept- und Rezeptmacherei beteiligt ist, wird letzten Endes ihr Vorteil sein.

**Lies hierzu noch etwas vom esoterischen Marx:**
- Keine Rezepte für die Garküchen der Zukunft. In: Briefe aus den „Deutsch-Französischen Jahrbüchern", 1844

*„Wir treten… nicht der Welt doktrinär mit einem neuen Prinzip entgegen: Hier ist die Wahrheit, hier kniet nieder! Wir entwickeln der Welt aus den Prinzipien der Welt neue Prinzipien. Wir sagen ihr nicht: Lass ab von deinen Kämpfen, sie sind dummes Zeug; wir wollen dir die wahre Parole des Kampfes zuschrein. Wir zeigen ihr nur, warum sie eigentlich kämpft, und das Bewusstsein ist eine Sache, die sie sich aneignen muss, wenn sie auch nicht will….*

*Unser Wahlspruch muss also sein: Reform des Bewusstseins nicht durch Dogmen, sondern durch Analysierung des mystischen, sich selbst unklaren Bewusstseins, trete es nun religiös oder politisch auf. Es wird sich dann zeigen, dass die Welt längst den Traum von einer Sache besitzt, von der sie nur das Bewusstsein besitzen muss, um sie wirklich zu besitzen…"*

In: Das Kapital. Kritik der politischen Ökonomie, Erster band. Nachwort zur zweiten Auflage, 1873

In: Die deutsche Ideologie. Zusammen mit Friedrich Engels, geschrieben 1846

*Der Kommunismus ist für uns nicht ein Zustand, der hergestellt werden soll, ein Ideal, wonach die Wirklichkeit sich zu richten haben wird. Wir nennen Kommunismus die wirkliche Bewegung, welche den jetzigen Zustand aufhebt. Die Bedingungen dieser Bewegung ergeben sich aus den jetzt bestehenden Voraussetzungen.*

- Es ist überhaupt fehlerhaft, den Hauptakzent auf die sogenannte „gerechte" Verteilung zu legen. In: Kritik des Gothaer Programms, geschrieben 1875

*„Die jedesmalige Verteilung der Konsumtionsmittel ist nur Folge der Verteilung der Produktionsbedingungen selbst; letztere Verteilung aber ist ein Charakter der Produktionsweise selbst… Der Vulgärsozialismus (und von ihm wieder ein Teil der Demokratie) hat es von den bürgerlichen Ökonomen übernommen, die Distribution als von der Produkti-*

onsweise unabhängig zu betrachten und zu behandeln, daher den Sozialismus hauptsächlich als um die Distribution sich drehend darzustellen."

In: Lohn, Preis und Profit, 1865

*„(Ganz) unabhängig von der allgemeinen Form, die das Lohnsystem
einschließt, sollte die Arbeiterklasse die endgültige Wirksamkeit dieser
tagtäglichen Kämpfe nicht überschätzen. Sie sollte nicht vergessen,
dass sie gegen die Wirkungen kämpft, nicht aber gegen die Ursachen
dieser Wirkungen, dass sie zwar die Abwärtsbewegung verlangsamt,
nicht aber ihre Richtung ändert; dass sie Palliativmittel anwendet, die
das Übel nicht kurieren. ...
Statt des konservativen Mottos: „Ein gerechter Tagelohn für ein ge-
rechtes Tagewerk!", sollte sie auf ihr Banner die revolutionäre Losung
schreiben: ‚Nieder mit dem Lohnsystem!'"*

- Nicht nur gegen einzelne Bedingungen, sondern gegen die bisherige
  Gesamttätigkeit der Gesellschaft. In: Der achtzehnte Brumaire des
  Louis Bonaparte, 1869;
  Die deutsche Ideologie. Zusammen mit Friedrich Engels, geschrieben
  1846

- Gegen die juristische Illusion: Das Eigentum und der universelle Verkehr müssen wirklich unter die vereinigten Individuen subsumiert
  werden. In: ebd

- Morgens jagen, nachmittags fischen, nach dem Essen kritisieren: kein
  ausschließlicher Kreis der Tätigkeit mehr. In: ebd

- Sie müssen die Arbeit aufheben und den Staat stürzen, um ihre Persönlichkeit durchzusetzen. In: ebd

*„Bei den Proletariern dagegen ist ihre eigene Lebensbedingung, die Arbeit, und damit sämtliche Existenzbedingungen der heutigen Gesellschaft, für sie zu etwas Zufälligem geworden, worüber die einzelnen Proletarier keine Kontrolle haben und worüber ihnen keine gesellschaftliche Organisation eine Kontrolle geben kann ... müssen die Proletarier, um persönlich zur Geltung zu kommen, ihre eigene bisherige Existenzbedingung, die zugleich die der ganzen bisherigen Gesellschaft ist, die Arbeit, aufheben. Sie befinden sich daher auch im direkten Gegensatz zu der Form, in der die Individuen der Gesellschaft sich bisher einen Gesamtausdruck gaben, zum Staat, und müssen den Staat stürzen, um ihre Persönlichkeit durchzusetzen. Der moderne Staat, die Herrschaft der Bourgeoisie, beruht auf der Freiheit der Arbeit ... Die Freiheit der Arbeit ist die freie Konkurrenz der Arbeiter unter sich ... Die Arbeit ist frei in allen zivilisierten Ländern; es handelt sich nicht darum, die Arbeit zu befreien, sondern sie aufzuheben."*

- Keineswegs Entsagen vom Genuss, sondern Entwicklung von Mußezeit und Genussfähigkeit: das Reich der Freiheit und das reich der Notwendigkeit. In: Grundrisse der Kritik der politischen Ökonomie, Rohentwurf, 1857-1857
  *„Die Fähigkeit des Genusses ist Bedingung für denselben, also erstes Mittel desselben und diese Fähigkeit ist Entwicklung einer individuellen Anlage, Produktivkraft."*

Das Kapital. Kritik der politischen Ökonomie, Dritter Band. Nach der von Friedrich Engels herausgegebenen ersten Auflage, 1894
*„Das Reich der Freiheit beginnt in der Tat erst da, wo das Arbeiten, das durch Not und äußere Zweckmäßigkeit bestimmt ist, aufhört; es liegt also der Natur der Sache nach jenseits der Sphäre der eigentlichen materiellen Produktion. ... Die Freiheit in diesem Gebiet kann nur darin bestehn, dass der vergesellschaftete Mensch, die assoziierten Produzenten, diesen ihren Stoffwechsel mit der Natur rationell regeln, unter ihre gemeinschaftliche Kontrolle bringen, statt von ihm*

*als von einer blinden Macht beherrscht zu werden; ihn mit dem geringsten Kraftaufwand und unter den ihrer menschlichen Natur würdigsten und adäquatesten Bedingungen vollziehn. Aber es bleibt dies immer ein Reich der Notwendigkeit. Jenseits desselben beginnt die menschliche Kraftentwicklung, die sich als Selbstzweck gilt, das wahre Reich der Freiheit, das aber nur auf jenem Reich der Notwendigkeit als seiner Basis aufblühn kann. Die Verkürzung des Arbeitstages ist die Grundbedingung. "*

- Die Tat der Völker auf einmal und gleichzeitig: Verwandlung der allseitigen Abhängigkeit in das bewusste weltgeschichtliche Zusammenwirken. In: Die deutsche Ideologie. Zusammen mit Friedrich Engels, geschrieben 1846

In: Die künftigen Ergebnisse der britischen Herrschaft in Indien, 1853
*„Erst wenn eine große soziale Revolution die Ergebnisse der bürgerlichen Epoche, den Weltmarkt und die modernen Produktivkräfte, gemeistert und sie der gemeinsamen Kontrolle der am weitesten fortgeschrittenen Völker unterworfen hat, erst dann wird der menschliche Fortschritt nicht mehr jenem scheußlichen Götzen gleichen, der den Nektar nur aus den Schädeln Erschlagener trinken wollte. "*

- Unter Umständen kann die agrarische Dorfgemeinde sich ohne das kapitalistische Joch entwickeln, wenn sie sich die modernen Produktivkräfte aneignet und die lokalgebundene Isolierung überwindet. In: Brief an V. I. Sassulitsch. Aus mehreren Entwürfen, geschrieben 1881

- Im Kommunismus fällt der Wert fort, die Produzenten tauschen ihre Produkte nicht aus. In: Zur Kritik der Politischen Ökonomie, 1859;

In: Das Kapital. Kritik der politischen Ökonomie, Dritter Band. Nach der von Friedrich Engels herausgegebenen Auflage, 1894;

In: Das Kapital. Kritik der politischen Ökonomie, Zweiter Band. Nach der zweiten, von Friedrich Engels herausgegebenen Auflage, 1893

*„Denken wir die Gesellschaft nicht kapitalistisch, sondern kommunistisch, so fällt zunächst das Geldkapital ganz fort, also auch die Verkleidungen der Transaktionen, die durch es hineinkommen."*

In: Kritik des Gothaer Programms, geschrieben 1875

*„Innerhalb der genossenschaftlichen, auf Gemeingut an den Produktionsmitteln gegründeten Gesellschaft tauschen die Produzenten ihre Produkte nicht aus; ebenso wenig erscheint hier die auf Produkte verwandte Arbeit als <u>Wert</u> dieser Produkte, als eine von ihnen besessene sachliche Realität."*

- Erst wenn der wirkliche Mensch den abstrakten Staatsbürger in sich zurücknimmt, ist die Emanzipation vollbracht. In: Zur Judenfrage, 1844;

In: Kritik des Hegelschen Staatsrechts, geschrieben 1843

*„Die Bestimmung, „Mitglieder des Staates zu sein", ist ihre „abstrakte Bestimmung", eine Bestimmung, die in ihrer lebendigen Wirklichkeit nicht verwirklicht ist. ... Der politische Staat ist eine von der bürgerlichen Gesellschaft <u>getrennte</u> Existenz. Die bürgerliche Gesellschaft würde einerseits sich selbst aufgeben, wenn alle Gesetzgeber wären, andererseits kann der ihr gegenüberstehende politische Staat sie nur in einer Form ertragen, die seinem <u>Maßstab</u> angemessen ist. Oder eben die Teilnahme der bürgerlichen Gesellschaft durch <u>Abgeordnete</u> am politischen Staat ist eben der <u>Ausdruck</u> ihrer Trennung und nur dualistischen Einheit."*

- Die Schmach noch schmachvoller machen, indem man sie publiziert; die Verhältnisse zum Tanzen zwingen, indem man ihnen ihre eigene Melodie vorsingt: die Radikalität der Kritik. In: Zur Kritik der Hegelschen Rechtsphilosophie, Einleitung. Geschrieben 1843/44
- In: Briefe aus den „Deutsch-Französischen Jahrbüchern", 1844

*„Ist die Konstruktion der Zukunft und das Fertigwerden für alle Zeiten nicht unsere Sache, so ist desto gewisser, was wir gegenwärtig zu vollbringen haben, ich meine <u>die rücksichtslose Kritik alles Bestehenden</u>, rücksichtslos sowohl in dem Sinne, dass die Kritik sich nicht vor ihren*

*Resultaten fürchtet und ebenso wenig vor dem Konflikte mit den vorhandenen Mächten. "*

- Grausam-gründliche Kritik der ersten Versuche, immer wieder von neuem anfangen... In: Der achtzehnte Brumaire des Louis Bonaparte, 1869

  *„Proletarische Revolutionen dagegen ... kritisieren beständig sich selbst, unterbrechen sich fortwährend in ihrem eignen Lauf, kommen auf das scheinbar Vollbrachte zurück, um es wieder von neuem anzufangen, verhöhnen grausam-gründlich die Halbheiten, Schwächen und Erbärmlichkeiten ihrer ersten Versuche, scheinen ihren Gegner nur niederzuwerfen, damit er neue Kräfte aus der Erde sauge und sich riesenhafter ihnen gegenüber wieder aufrichte, schrecken stets von neuem zurück vor der unbestimmten Ungeheuerlichkeit ihrer eignen Zwecke, bis die Situation geschaffen ist, die jede Umkehr unmöglich macht, und die Verhältnisse selbst rufen:*

  *Hic Rhodos, hic salta! Hier ist die Rose, hier tanze!"*

Zeitfracht Medien GmbH
Ferdinand-Jühlke-Straße 7
99095 Erfurt, Deutschland
produktsicherheit@kolibri360.de